엣세이로 당신 시작하는 일본어

에세이로 다시 시작하는 일본어

초판1쇄 발행 | 2010년 12월 10일
초판2쇄 발행 | 2013년 6월 28일

저　자 | 김현근
발행인 | 이은종
등록번호 | 25100-2006-000005호
등록일 | 2006년 7월 4일(최초 등록일 2006년 3월 7일)
주　소 | 인천시 남동구 논현동 600-9번지
전　화 | 032-441-2086
팩　스 | 032-441-2087
홈페이지 | http://juyoungsa.net
이메일 | juyoungsa@gmail.com

ⓒ 2010 김현근
ISBN 978-89-94508-05-4 13730
Printed in Korea

*잘못된 책은 바꾸어 드립니다.
*책값은 표지에 있습니다.

김현근 지음

주영사

저자 서문

중학교 때였나. 어느 날 어머니는 모 출판사에서 출간된 책을 펴놓고 한글도 알파벳도 아닌 글자를 하나씩 노트에 옮겨 적고 계셨다. 히라가나였다. あ、い、う、え、お……. あ와 お는 서로 모양도 비슷해서 저 글자를 어떻게 외우나 싶기도 했고, 한자도 아니면서 서예처럼 흘려 쓴 것이 묘한 위화감을 느끼게 했다. 아마 일본어라서 그런 것 같다. 당시만 해도 일제 강점기와 일본, 일본어는 서로 금방 겹쳐지면서 어떤 금단의 언어라는 느낌을 줬다.

고등학교 가서도 나는 제2외국어로 독일어를 선택했고, 대학에 와서는 영어를 포함해 외국어와는 담을 쌓고 살았다.

그러던 것이 일본 애니메이션을 보면서 180도 변했다. 애니메이션을 원어로 직접 듣고 싶다고 생각하면서 시작한 일본어 공부는 일본 유학, 일본 생활까지 이어졌다. 일본어 공부를 시작한 해가 1999년. 벌써 10년이 훌쩍 넘었다. 어머니가 옮겨 적던 일본어는 이제 내 인생에서 매우 중요한 위치를 차지하게 되었다. 일본어 관련 책만 벌써 서너 권을 출간했고, 이 책으로 일본어 입문이라고 할 수 있는 히라가나, 가타카나를 소개하고 있으니까.

이 책은 내가 운영하는 블로그 '당그니의 일본표류기'의 융성(?)에 깊숙하게 관여하고 있다. 블로그 독자를 더 많이 끌어 모으기 위해서 누구라도 쉽게 배울 수 있도록 일본어 강의를 시작했는데, 그 첫 번째 수업이 바로 히라가나 あ였기 때문이다. 2006년의 일이다. 인터넷 첫 연재부터 이렇게 책으로 출간되기까지 4년여의 시간이 걸렸다. 이 책은 연재물을 보다 체계적으로 정리하고 휴대용으로 보기 편하도록 구성하면서 사진과 에세이를 추가했다.

사실, 나는 일본어 공부를 시작할 때 히라가나를 외우는 데 그렇게 많은 시간이 걸리지 않았다. 일본 애니메이션에 나오는 일본어를 직접 알아듣고 싶다는 강력한 동기 부여가 있었기 때문이다. 본격적으로 학원 수업을 듣기 전에 일본어 단어장부터 샀고, 애니메이션을 볼 때마다 단어장을 들여다보면서 자연스레 히라가나는 뗐다. 그러나 이런 강력한 동기 없이 히라가나를 익히기란 쉽지 않다. 일본어를 생활 속에서 꼭 필요하다고 느끼지 않는 사람이라면 한 자 한 자씩을 외우는 것도 귀찮은 일이다.

일본에 10년간 살다 보니 한국에서는 외국어인 히라가나, 가타카나가 일본인에게는 뜻을 전달하고, 감정을 표현하고, 듣고 느끼는 삶의 중요한 도구라는 것을 알게 되었다. 그러면서 각 문자에도 1억2천 일본인의 많은 사연과 생활이 녹아들어 있음을 자연스레 느끼게 됐다.

모든 것은 쉽게 시작해야 된다. 이 책을 쓰게 된 동기도 그렇다. 내가 애니메이션을 통해 대학 시절까지 관심조차 없었던 일본어의 첫 번째 벽인 히라가나를 훌쩍 뛰어넘었듯이, 이 책은 히라가나, 가타카나를 외운다기보다는 일본인의 문화와 삶을 이해하는 에세이로 읽어줬으면 한다. 이 책에 쓰인 대로 사진과 함께 글을 읽다 보면 자연스럽게 반복해서 글자가 눈에 들어올 것이고, 어느새 일본어가 한층 독자 여러분 곁에 다가와 있음을 느낄 것이다. 그리고 일상생활에서 자주 쓰는 기초 표현도 덤으로 얻게 될 것이다.

특히 생생한 현장감을 느낄 수 있도록, 일본 현지에서 쉽게 마주치는 사진을 주로 실었다. 일본 여행을 오지 않아도, 일본에서 마치 생활하면서 일본어를 접하는 것처럼 느낀다면 저자로서 더할 나위 없이 행복할 것이다. 일본어 기초, 에세이로 끝내자!

끝으로, 늘 필자가 펴내는 책의 일본어를 마지막에 체크해주는 사코다 씨에게 감사드린다.

2010년 12월
저자 김현근

차례

PART 1 히라가나

저자 서문 · 004

01	히라가나 개요	· 014
02	あ 당신을 사랑해	· 016
03	い 위가 아파요	· 018
04	う 우동이 맛있다	· 020
05	え 그림이 재미있다	· 022
06	お 오니기리가 먹고 싶다	· 024
	あいうえお 정리	· 026
	짤막 포인트 외래어 표기법	· 027

문화코드 1 일본인의 사랑과 동거 · 028

07	か 우동이 맛있습니까	· 030
08	き 큰 나무	· 032
09	く 이것 주세요	· 034
10	け 휴대폰 있습니까	· 038
11	こ 여기는 어디입니까	· 040
	かきくけこ 정리	· 044
	짤막 포인트 일본어 장음	· 045

문화코드 2 월드컵과 카미카제 · 046

12	さ 먼저 실례하겠습니다	· 048
	짤막 포인트 감기와 관련된 일본어 표현	· 051
13	し 일을 할 수밖에 없다	· 052
14	す 네가 좋아	· 054
15	せ 그 남자는 키가 큽니다	· 058
16	そ 그렇군요	· 061
	さしすせそ 정리	· 064
	짤막 포인트 일본어 받침은 작은 っ와 ん 딸랑 두 개?	· 065

문화코드 3 일본의 제철 음식과 사시미 · 066

17	た 썩어도 준치	· 068
18	ち 피가 끓다	· 072
19	つ 나는 선생이었다?	· 075
	짤막 포인트 위치에 따라 달라지는 つ 발음	· 078
20	て 정식 부탁합니다	· 079

21	と 멈춰라	· 081
	たちつてと 정리	· 084
	짤막 포인트 일본어 한자 읽는 법	· 085

문화코드 4 '토마레'로 알아보는 일본의 교통문화 · 086

22	な 이름이 무엇입니까?	· 088
23	に 집으로 돌아갑시다	· 092
24	ぬ 동물인형은 인형이 아니다	· 095
25	ね 고양이 손도 빌리고 싶다	· 098
26	の 그것은 제 것입니다	· 101
	なにぬねの 정리	· 105

문화코드 5 메이지 유신과 이름 · 106

27	は 이빨이 아파서 치과에 갑니다	· 108
28	ひ 햇빛도 돈이 필요해	· 111
29	ふ 목욕하고 싶다	· 114
30	へ 저는 일본어를 잘 못합니다	· 117
31	ほ 그것은 책이 아닙니다	· 120
	はひふへほ 정리	· 123

문화코드 6 하나미와 하나비로 본 일본인의 인생관 · 124

32	ま 끝까지 열심히 합시다	· 126
33	み 손짓 발짓으로 괜찮습니다	· 129
34	む 도쿄는 정말 덥군요	· 132
35	め 저 사람은 예뻐서 눈에 띕니다	· 136
36	も 한 번 더 말해주세요	· 139
	まみむめも 정리	· 143

문화코드 7 신사(神社)와 마츠리 · 144

	짤막 포인트 や, ゆ, よ는 모음 역할을 한다	· 146
37	や 그것은 싫습니다	· 147
38	ゆ 꿈은 꼭 이루어진다	· 149
39	よ 세상에 공짜는 없습니다	· 152
	やゆよ 정리	· 155

문화코드 8 물과 차의 구분이 확실한 일본 · 156

40	ら 이런 거 누워서 떡먹기죠	· 158
41	り 인생, 이론이 아니다	· 160
42	る 소리샘으로 연결합니다	· 163
43	れ 좀 더 냉정하게 생각합시다	· 167
	짤막 포인트 우리말 발음과 일본어 발음	· 170
44	ろ 당신은 로맨틱하시네요	· 171

	らりるれろ 정리	·175
문화코드 9	일본인의 라면 사랑	·176
45	わ 일본어 할 줄 아세요?	·178
46	を 여름을 즐기자	·181
47	ん 오늘도 일본어 공부를 열심히!	·183
	わをん 정리	·185
48	탁음, 반탁음, 요음	·186
문화코드 10	和의 세상	·188

PART 2 가타카나

01	가타카나 개요	·192
02	ア 아르바이트	·196
03	イ 인터넷	·198
04	ウ 울트라맨	·200
05	エ 엘리베이터	·202
06	オ 오토바이	·204
문화코드 11	아르바이트와 워킹푸어	·206
07	カ 카메라	·208
08	キ 기린	·210
09	ク 퀄리티	·212
10	ケ 가라오케	·214
11	コ 컴퓨터	·216
문화코드 12	휴대폰과 통화 예절	·218
12	サ 샌드위치	·220
13	シ 쇼핑	·222
14	ス 슈퍼	·224
15	セ 셀프 주유소	·226
16	ソ 소시지	·228
문화코드 13	디플레이션과 샐러리맨	·230
17	タ 도쿄 타워	·232
18	チ 티켓	·234
19	ツ 트위터	·236
20	テ 텔레비전	·238

21	ト 토너먼트	·240
문화코드 14	일본의 신문과 방송	·242
22	ナ 나물	·244
23	ニ 뉴스	·246
24	ヌ 컵라면	·248
25	ネ 비즈니스	·250
26	ノ 노트북 컴퓨터	·252
문화코드 15	사라진 브랜드 Sanyo	·254
27	ハ 해피	·256
28	ヒ 아이스커피	·258
29	フ 패션	·260
30	ヘ 헤어드라이어	·262
31	ホ 호텔	·264
문화코드 16	'칸류'와 한류	·266
32	マ 진동 모드	·268
33	ミ 커뮤니케이션	·270
34	ム 게임	·272
35	メ 안경	·274
36	モ 메모	·276
문화코드 17	만화왕국 일본도 불황?	·278
37	ヤ 야쿠르트	·280
38	ユ 인터뷰	·282
39	ヨ 유럽	·284
문화코드 18	유럽과 영어	·286
40	ラ 랭킹	·288
41	リ 리사이클	·290
42	ル 맥주와 빌딩	·292
43	レ 레시피	·294
44	ロ 러시아	·296
문화코드 19	갈수록 세분화되는 일본 맥주	·298
45	ワ 샤워	·300
46	ヲ 밥을 먹었습니다	·301
47	ン 빵	·302
48	ヴ 바이올린	·304
문화코드 20	일본의 월세와 내집 마련	·305
49	일본어 키보드 입력법	·308

PART 1

히 라 가 나
ひらがな

이 책의 구성

❶

❷ 우리말의 '아'라는 모음과 발음이 같습니다.

❸ 당신을 사랑해

"사랑해를 일본어로 한 번 배워볼까요. 우선 '사랑'은 일본어로 恋이라고 하고, 일본도 한자 문화권이므로 '사랑'이라는 한자는 특별히 愛에도 쓴다. 일본어로 愛는 あい<아이>다

▼ ああ、とまらない—<아아, 도마라나이>

엑도날도 드셨어보았죠. ああ、とまらない— 는 "아야, 멈출 수 없다."는 뜻입니다. 갑자기 한 번 먹기 시작하면 끝을 봐나봐요?

▶ あります<아리마스>
~이/가 있습니다라는 뜻

고 읽습니다. 왜 '아이'일까요. 알기 쉽게 愛를 아—이 이렇게 늘여서 읽어보세요, 어떤 말이 비슷하죠? 우리말의 '애'가 일본으로 건너가면서 あい로 늘어난 것을 알 수 있습니다.

'사랑해'에서 '사랑'은 알겠습니다. 그럼 '해'는요? する<스루>라고 합니다. 즉, '사랑해'는 あいしてる<아이시테루>가 되는데, 왜 '해'가 してる가 되는지는 잠만 넘어가도록 합니다. 그냥 '사랑해'가 あいしてる라는 것만 알아두세요.

좀 더 욕심을 내서 그럼, '당신을 사랑해'는 뭘까요?

'사랑해' 앞에 '당신을'만 붙이면 됩니다. 일본어로 써보면 あなたを あいしてる<아나타오 아이시테루>입니다. あなた<아나타>는 당신, を는 ~을/를을 뜻합니다.

떡 먹자 해도 어떤 것에 알아야 될 것이 먼저라는 것. 여기 하나이됩니다.

❺
あなたを 愛してる。 당신을 사랑해

❻ 愛 사랑 あなた 당신 を ~을/를 愛してる 사랑해 してる ~해 ~하고 있어

❼

일본인의 사랑과 동거

사랑해、愛してる、I love you.

말은 달라도 사람이 자신의 감정을 표현하는 것은 세상 어디나 같습니다. 일본어로 사랑은 あい다고 하지만, 남녀 간의 사랑은 こい라고도 합니다.

あい는 愛라는 한자를, こい는 恋이라는 한자를 쓰는데, あい는 남녀 뿐만 아니라 부모자식 간의 사랑, 신성과 제우 등 보편적인 사랑의 감정을 말한다면, こい는 남녀 간에 생기는 안에 감정만을 뜻합니다. 그래서 첫사랑은 初愛라고 쓰지 않고 初恋이다고 쓰죠.

그렇기 때문에 '애인'이라는 말을 할 때도 한국에서 쓰는 한자를 그대로 쓰면 안 됩니다. 일본어로 愛人이라고 쓰면 정부(情婦) 혹은 '세컨드'를 뜻하기 때문이므로. 사랑하는 사람은 愛人이다고 하지 않고 恋人이다고 씁니다.

일본 젊은이의 사랑은 자연스럽게 성관계를 동반합니다. 일본 젊은이에게 사랑하는 것이 곧 잠이 잔다는 뜻입니다. 시골에서 올라온 젊은이들이 많은 도시에서는 혼자서 원룸을 빌려 사는 경우가 많기 때문에, 시로의 집에 놀러 가서 먹는 것도 흔한 일입니다. 전체적인 자연스럽게 방을 하나로 합치고 동거를 하게 되는 거죠.

어떤 남녀 간역 동거는 同棲라는 한자어를 쓰기 쉽지만, 이것은 말 그대로 같은 공간에 사는 것을 뜻하는 것으로 남녀가 동거한다는 의미는 아닙니다. 남녀의 동거는 同棲라는 말을 씁니다. 남녀 간역 동거는 同棲와 달리 同棲하다는 말로 구분이 필요할 만큼 일반적이라는 말이죠.

동거는 '속도위반결혼(できちゃった結婚)'과 이어지기도 합니다. '속도위반'은 결혼을 전제로 하지도 합니다만, 실형 그렇지 않다가도 때문 원하지 않은 아이를 갖게 되는 결과를 낳기도 합니다. 이렇게 '속도위반'으로 아이가 생기면 훈인 신고를 하는 것을 첫으로 결혼식을 들이기도 하지만, 그 반대로 싱글마마(シングルママ)으로 아이를 혼자서 키우며 사는 경우도 있습니다.

일본이 한국보다 성에 대해 좀 더 생방적이긴 하지만, 그렇다고 일본어의 '속도위반결혼'을 매우 대수롭게 받아들이는 것은 아닙니다. <아시히신문>의 앙케트에 따르면(2001년 1월), '속도위반결혼'에 대해 씨앗인이 있다나는 실망이 61%가 그랬다고 대답했고, 엄마다고 대답한 사람은 31%였습니다. 직랑감을 느끼는 이들에 대해서는 "쉽게 아이를 반들었다"는 인상이 있다고 한 답이 가장 많았습니다. 일본에서도 '속도위반결혼'은 그리 환일 받지 못합니다. 어떻든 아이를 낳았다면 잘 키울 일입니다. 그러나 너무 어린 나이에 결혼한 이들이 역시 많은 일본에서는 아직 어른이 되지 않은 부모가 많아 아동학대 이어지는 경우도 늘고 있답니다.

진짜 사랑이란 남녀 간의 사랑뿐만 아니라 세상 모든 것에 대한 사랑(愛)일 때 진정한 가치가 있다는 것을 어른들이 이렇게 답나는 증거없죠.

❶ 히라가나, 가타카나 쓰는 법
히라가나, 가타카나의 각 글자를 어떻게 쓰는지 배웁니다.

❷ 히라가나, 가타카나 읽는 법
각 글자를 어떻게 읽는지 설명되어 있습니다.

❸ 본문
각 글자가 들어간 일본어 단어와 예문을 배웁니다.
본문에 일본어 발음을 한글로 표기했으나, 이 표기는 히라가나를 외우기 쉽게 하기 위해 적어 놓은 것으로 실제 발음과 완벽하게 일치하지는 않습니다. 저자 일본어 카페에 올려놓은 MP3 파일을 들으면서 발음을 익히세요.

❹ 사진
각 글자가 실제로 쓰인 일본 현지 사진을 보면서 자연스럽게 글자를 익힙니다.

❺ 이것은 꼭 외우세요
본문에 나온 예문을 골라 외우는 코너입니다. 하나의 문장을 외움으로써 일본어에 대해 자신감을 갖습니다.

❻ 단어정리
본문에 나온 단어를 정리했습니다.

❼ 문화코드 에세이
각 행이 끝나면 일본의 문화를 알 수 있는 에세이를 읽습니다. 에세이를 통해 일본의 역사와 문화, 그리고 현재를 생생하게 느낄 수 있습니다.

저자의 인터넷 카페(당그니의 좌충우돌 일본어 http://cafe.daum.net/dangunee)에 들어가면 본문에 나온 단어와 예문을 녹음한 MP3 파일을 다운받을 수 있습니다. 일본인의 발음을 직접 들으면서 일본어 발음을 기초부터 완벽하게 다지세요.

01 히라가나 개요

언젠가 일본인 동료가 일본어는 히라가나, 가타카나, 한자 이 세 가지 글자가 있다고 말하고는, 한국어는 몇 가지나 있냐고 물은 적이 있습니다. 그때 우리는 한글 하나밖에 없다고 태연하게 답을 했습니다. 그러자 약간 당황해 하던 그 친구의 얼굴이 떠오릅니다.

우리말은 쌍자음과 이중모음을 포함해도 모두 40개의 글자만 알면 단어의 뜻은 모를지라도 읽을 수는 있습니다. 하지만 일본어는 히라가나 46개, 가타카나 46개, 그리고 최소 200개 이상의 한자를 알지 못하면 뜻은 고사하고 읽을 수도 없습니다. 탁음과 반탁음까지 포함하면 알아야 하는 일본어 글자 수는 더욱 늘어납니다.

히라가나는 일본어 읽기의 기본입니다. 히라가나를 읽을 줄 알아야 한자도 읽을 수 있습니다.

히라가나는 오른쪽 그림과 같이 모두 46개의 글자로 이루어져 있습니다. 이렇게 가로 5개, 세로 10개의 글자를 배열해 놓은 것을 오십음도(五十音図)라고 부릅니다. 그렇지만 실제로는 그림과 같이 46개입니다. 여기서 기억할 것은 가로로 배열되어 있는 것을 '행'이라고 하고, 세로로 배열되어 있는 것을 '단'이라고 한다는 것입니다. 이것은 나중에 일본어 동사 변형을 배울 때 꼭 필요하오니 기억해 두세요.

그럼, 히라가나 강의로 본격적으로 들어가 볼까요?

ひらがな | 히라가나

단 행	あ단	い단	う단	え단	お단
あ행	あ 애[a]	い 이[i]	う 우[u]	え 에[e]	お 오[o]
か행	か 캐[ka]	き 키[ki]	く 쿠[ku]	け 케[ke]	こ 코[ko]
さ행	さ 새[sa]	し 시[si/shi]	す 스[su]	せ 세[se]	そ 소[so]
た행	た 타[ta]	ち 치[ti/chi]	つ 츠[tu/tsu]	て 테[te]	と 토[to]
な행	な 내[na]	に 니[ni]	ぬ 누[nu]	ね 네[ne]	の 노[no]
は행	は 하[ha]	ひ 히[hi]	ふ 후[hu/fu]	へ 헤[he]	ほ 호[ho]
ま행	ま 매[ma]	み 미[mi]	む 무[mu]	め 메[me]	も 모[mo]
や행	や 애[ya]		ゆ 유[yu]		よ 요[yo]
ら행	ら 래[ra]	り 리[ri]	る 루[ru]	れ 레[re]	ろ 로[ro]
わ행	わ 와[wa]				を 오[wo]
			ん 응[n]		

02 당신을 사랑해

🔊 **발음** 우리말의 '아'라는 모음과 발음이 같습니다.

당신을 사랑해

'사랑해'를 일본어로 한 번 배워볼까요. 우선 '사랑'은 일본어로 뭘까요. 일본도 한자 문화권이므로 '사랑'이라는 한자는 똑같이 愛(애)를 씁니다. 일본어로 愛는 あい ^{아이}라

▼ ああ、とまらない… 아아, 토마라나이…
맥도날드 광고 사진입니다. ああ、とまらない…는 "아아, 멈출 수 없다…"라는 뜻입니다. 갑자칩 한 번 먹기 시작하면 끝을 봐야죠?

▶ あります 아리마스
'~이/가 있습니다'라는 뜻

고 읽습니다. 왜 '아이'일까요. 알기 쉽게 '애'를 '아~이' 이렇게 늘여서 읽어보세요. 어째 많이 비슷하죠? 우리말의 '애'가 일본으로 건너가면서 あい로 늘어난 것을 알 수 있습니다.

'사랑해'에서 '사랑'은 알았습니다. 그럼 '해'는요? してる 시테루라고 합니다. 즉, '사랑해'는 あいしてる 아이시테루가 되는데, 왜 '해'가 してる가 되는지는 일단 넘어가도록 합시다. 그냥 '사랑해'가 あいしてる라는 것만 알아두세요.

좀 더 욕심을 내서 그럼, '당신을 사랑해'는 뭘까요?

'사랑해' 앞에 '당신을'만 붙이면 됩니다. 일본어로 써보면 あなたを あいしてる 아나타오 아이시테루입니다. あなた 아나타는 '당신', を오는 '~을/를'을 뜻합니다.

뭐니 뭐니 해도 이번 장에서 알아야 될 것은 あ가 '아'라는 것, 이거 하나면 됩니다.

あなたを 愛してる。 당신을 사랑해.

愛 사랑 あなた 당신 を ~을/를 愛してる 사랑해
してる ~해, ~ 하고 있어

03 위가 아파요

발음 い는 우리말 모음 '이'와 같습니다.

이타이이타이 병이란?

중학교 사회 시간에 공해 관련 내용을 배우면서 '이타이이타이 병'에 대해 들은 적이 있을 것입니다. 이 병은 원인을 알 수 없이 갑자기 사람들이 아프다고 하면서 발견된 병인데, 그 배경에는 일본의 급속한 경제 성장이 있습니다. 자기도 모르게 섭취한 중금속에 오염되어 생긴 병인데, '아프다'를 일본어로 하면 いたい^{이타이}라고 합니다. 시험에 나올지 몰라 무작정 외웠는데, '이타이이타이 병'의 뜻은 '아프다아프다 병'이었던 것이죠.

胃(위)는 い

い는 그 자체로도 뜻이 있습니다. 사람의 장기가 다 중요하지만 그래도 소화(消化)와 관련되어 가장 중요한 장기는 위(胃)가 되겠죠. 이 胃를 일본어로 읽을 때는 い^이라고 읽습니다. 아마 한자가 중국에서 한국을 거쳐 일본으로 넘어갔기 때문에 우리말은 '위' 일본어는 '이'라고 하지 않았을까 합니다.

위가 胃라는 것도 배웠고, 아프다가 いたい라는 것도 배웠습니다. 그렇다면 '위가 아프다'고 하려면 뭐라고 할까요? 일본어는 우리말과 어순이 같으므로 조사 '가'가 일본어로 무엇인지만 알면 됩니다. 일본어로 우선 써보면 胃が 痛い^{이가 이타이}가 됩니다. 어라? 우리말의 '가'는 일본어로 が라고 쓰고 발음이 같네요. が는 '가'. 이런 신기한 일이…….

자, 그렇다면 머리가 아플 때는 뭐라고 할까요. '머리が いたい'라고 하면 됩니다. '머리'라는 일본어 단어만 알면 문장을 만들 수 있습니다. 머리의 일본어는 あたま 아타마입니다. 간단하죠? 머리가 아프다는 頭が 痛い입니다. 손은 て 테, 발은 あし 아시입니다. 연속해서 응용이 가능하겠죠? 손이 아프다는 手が 痛い, 발이 아프다는 足が 痛い입니다.

▶ いい住まい 이이스마이
いい 이이는 '좋다', 住まい 스마이는 '사는 곳'이라는 뜻. 저 광고는 좋은 집이 있다는 말입니다. 부동산 광고입니다.

頭が 痛い。 머리가 아프다.

胃 위 が ~이/가 痛い 아프다
頭 머리 手 손 足 발

04 우동이 맛있다

발음 우리말 '우'와 '으'의 중간 발음인데, 그냥 '우'라 해도 됩니다.

칼국수는 한국 우동?

언젠가 한국에 온 일본인 친구를 칼국수집에 데려갔습니다. 칼국수를 처음 보고 일본인 친구가 이게 뭐냐고 묻기에 잠깐 고민하다가 '한국 우동'이라고 설명했습니다. 그러니까 바로 이해를 하더군요. 우동은 일본 사람이 매우 즐기는 음식이기 때문입니다.

우동을 일본어로 쓰면 う ど ん ^{우동}이라고 합니다. う 는 '우', ど는 '도', ん은 '응' 으로 실제 발음은 '우도응' 이 되지만, 빨리 발음하면 '우동'이 됩니다.

왼쪽 사진을 한 번 볼까요? 일본 여행 가서 이 글자가 보이면 우동집이다는 것을 알 수 있습니다.

간판의 うどん 오른쪽에 手打ち라고 쓰여 있는 것이 보이시죠? 한자로만 읽어도 대충 무슨 뜻인 줄 짐작이 가시죠? 手打(수타), 즉 손으로 직접 면을 뽑았다는 뜻입니다. 일본어로 읽으면 てうち 테우치로 손(手)으로 쳐서(打ち) 만드는 우동이란 뜻입니다.

우동이 맛있다

자, 우동이 나왔으니 우동을 먹고 나서 맛있을 때는 뭐라 할까요. 일본어로 써보면 うどんが おいしい 우동가 오이시이라고 합니다.

앞서 '위가 아프다'는 胃が 痛い 이가 이타이라고 했는데, 여기서도 うどん 우동 뒤에 が가 쓰였습니다. 즉, 일본어에서는 주격 조사 '~이/가'를 전부 が로 쓴다는 것을 알 수 있습니다. 우리말은 앞에 오는 주어에 받침이 있느냐 없느냐에 따라 조사가 '이' 또는 '가'로 바뀌지만 일본어는 통일해서 が로 씁니다. 간단하죠?

が에 뒤따르는 단어는 美味しい 오이시이. 일본어를 잘 모르는 사람도 '오이시이'라는 말을 들어본 적이 있을 겁니다. 이 말은 '맛있다'는 뜻입니다. 일본 사람도 우리말을 배우면 가장 먼저 배우는 것이 '안녕하세요'와 '맛있어요'입니다.

うどんが 美味しい。 우동이 맛있다.

うどん 우동　手打ち 손으로 쳐서 만든 것
美味しい 맛있다

05 그림이 재미있다

발음 이 え의 발음은 우리말 '에'와 거의 같습니다. 편의상 '에'로 하겠습니다.

え는 그림이다

아래 그림을 봅시다. 이것은 제가 《당그니의 일본표류기1》에서 京都^{쿄우토}에 있는 清水寺^{키요미즈데라}를 그린 건데요. 이런 것을 한자로는 絵라고 쓰고 え^에라고 읽습니다. '그림'이라는 뜻이죠. 우리말에서는 그림을 畵라는 한자로 씁니다. 畵와 같은 일본 한자는 画^가입니다만, 画라는 한자는 화가를 뜻하는 画家^{가카}나 영화를 뜻하는 映画^{에이가}에만 씁니다. 일반적인 그림은 絵로 쓴다는 것, 이 점 잊지 말아주세요.

그림이 재미있다

그림은 え 라고 배웠는데, '그림이 재미있다'는 뭐라고 할까요. 일본어로 써보면 絵が おもしろい^{에가 오모시로이}라고 합니다. 絵는 '그림', が는 위에서 배웠듯이 '~이/가', 그리고 '재미있다'는 おもしろい가 됩니다. 이것도 바로 응용이 가능하겠죠?

이 영화가 재미있다. → この 映画が おもしろい。 この는 '코노'라고 읽음. '이~'라는 뜻.

이 사람이 재미있다. → この 人が 面白い。 人은 '히토'라고 읽음. '사람'이라는 뜻.

絵が 面白い。 그림이 재미있다.

絵 그림 映画 영화 画家 화가
この 이(이것) 人 사람 面白い 재미있다

06강 오니기리가 먹고 싶다

발음 お는 '오'로 읽습니다. 우리말 '오'와 거의 일치합니다.

오니기리와 오챠

일본인의 식사는 아주 간단합니다. 식사 때 반찬이 아주 적게 나오더라도 잘 먹습니다. 그 대표적인 예가 삼각김밥입니다. 일본어로 삼각김밥은 おにぎり 오니기리라고 합니다. 왜 삼각김밥을 おにぎり 오니기리라고 할까요.

일단 일본어는 웬만한 명사 앞에는 お를 붙여서 정중한 느낌을 나타냅니다. 그러므로 お를 제외한 にぎり의 뜻만 알면 됩니다. にぎり는 '(주먹을, 손을) 쥐다'는 뜻의 동사 にぎる 니기루의 명사 형태로 '주먹밥'을 뜻합니다.

◀ 오니기리 100엔 세일 중. 보통은 120엔~150엔 정도 합니다.

▶ 오챠. 여기서 お-い는 사람을 부를 때 쓰는 말로 '어이'라고 보면 됩니다.

그런데 이 おにぎり만 가지고는 밥을 먹기 힘듭니다. 마시는 물도 있어야 하니까요. 일본인들은 생수보다는 차를 많이 마십니다. 바로 그런 차에 お를 붙여서 お茶^{오차}라고 합니다.

오니기리가 먹고 싶다

자, 그럼 '맛있다'는 일본어로 뭐였죠? おいしい^{오이시이}입니다. 그런데 '맛있다'라고 하려면 먹어봐야 알 수 있습니다. '먹다'는 일본어로 뭘까요? たべる^{타베루}입니다. 그렇다면 '먹고 싶다'는? たべたい^{타베타이}라고 합니다. たべる^{타베루}라는 동사에 '~하고 싶다'라는 たい^{타이}가 결합되면서 る^루가 떨어져나갔습니다.

외국어를 배울 때는 우선 먹는 것부터 하는 것이 매우(?) 효과적인데요. 그 이유는 일상에서 자주 쓰기 때문이죠. 일본 여행 가서도 먹는 이야기만 통해도 절반은 성공한 겁니다.

그럼 '오니기리가 먹고 싶다'라는 문장은 뭘까요? '오니기리가'는 앞서 배운 대로 おにぎり에 주격 조사 が를 붙이면 되고, '먹고 싶다'는 위에서 말한 대로 食べたい를 쓰면 됩니다. 즉, おにぎりが 食べたい입니다.

おにぎりが 食べたい。 오니기리가 먹고 싶다.

おにぎり 삼각김밥 食べる 먹다
たい ~하고 싶다 食べたい 먹고 싶다

あいうえお 정리

다음 ( )에 들어갈 히라가나를 적어서 단어를 완성한 후 음도 옆에 적으시오.

01	당신	( )なた
02	사랑	( )い
03	위	( )
04	아프다	( )た( )
05	우동	( )どん
06	맛있다	( )( )し( )
07	그림	( )
08	재미있다	( )もしろい
09	오니기리	( )にぎり
10	먹고 싶다	たべた( )

정답

❶ (あ)なた 아나타 ❷ (あ)い 아이 ❸ (い) 이 ❹ (い)た(い) 이타이 ❺ (う)どん 우동 ❻ (お)(い)し(い) 오이시이 ❼ (え)에 ❽ (お)もしろい 오모시로이 ❾ (お)にぎり 오니기리 ❿ たべた(い) 타베타이

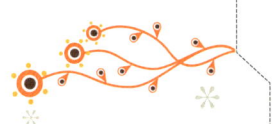

외래어 표기법 :
키무라 타쿠야? 기무라 다쿠야?

 일본어를 모르는 사람일지라도 '키무라 타쿠야'라는 일본 배우 이름은 한번쯤 들어봤을 것입니다. 아니면 '초난강'이라고 부르는 '쿠사나기 츠요시'라는 배우도 들어봤을 것입니다. 그런데 이 두 사람의 올바른 우리말 표기는 각각 '기무라 다쿠야'와 '구사나기 쓰요시'입니다. 실제 발음하고 많이 다르죠.

 신문이나 책에서 외래어를 우리말로 표기하는 방법은 보통 국립국어원에서 정한 〈외래어표기법〉을 따릅니다. 이에 따르면 '키무라'가 '기무라'가 되고 '츠요시'가 '쓰요시'가 됩니다. 이 책의 뒷부분에서 배우게 될 가타카나도 실은 '카타카나(カタカナ)'가 원래 발음입니다.

 〈외래어표기법〉은 또한 일본어에서 중요한 장음을 허용하지 않습니다. 그래서 오사카(大阪)도 원래는 '오오사카'로 발음되지만 '오사카'로 표기합니다. 도쿄(東京)도 원래는 '토우쿄우'이지만 '도쿄'로 표기하는 것이죠.

 일본어를 처음 시작하는 사람으로서는 이런 표기가 헷갈릴 수 있습니다. 일본 사람에게 '도쿄'라고 짧게 발음하면 못 알아듣거든요.

 이 책은 일본어를 처음 공부하는 사람을 위해 쓰였으므로 실제 발음되는 식으로 표기를 합니다.

문화코드 1

일본인의 사랑과 동거

사랑해, 愛してる, I love you.
말은 달라도 사람이 자신의 감정을 표현하는 것은 세상 어디나 같습니다.
일본어로 사랑은 あい라고 하지만, 남녀 간의 사랑은 こい라고 합니다.

あい는 愛라는 한자를, こい는 恋라는 한자를 쓰는데, あい가 남녀 뿐 아니라 부모자식 간의 사랑, 선생과 제자 등 보편적인 사랑의 감정을 말한다면, こい는 남녀 간에 생기는 연애 감정만을 뜻합니다. 그래서 첫사랑은 初愛라고 쓰지 않고 初恋라고 쓰죠.

그렇기 때문에 '애인'이라는 말을 쓸 때도 한국에서 쓰는 한자를 그대로 쓰면 안 됩니다. 일본어로 愛人이라고 쓰면 정부(情婦) 혹은 '세컨드'를 뜻하기 때문이죠. 사랑하는 사람은 愛人이라고 하지 않고 恋人라고 씁니다.

일본 젊은이의 사랑은 자연스럽게 성관계를 동반합니다. 일본 젊은이에게 사귄다는 것은 곧 같이 잔다는 뜻입니다. 시골에서 올라온 젊은이들이 많은 도시에서는 혼자서 원룸을 빌려 사는 경우가 많기 때문에, 서로의 집에 놀러 가서 묵는 것도 흔한 일입니다. 친해지면 자연스럽게 방을 하나로 합치고 동거를 하게 되는 거죠.

이런 남녀 간의 동거는 同居(どうきょ)라는 한자어를 쓰기 쉽지만, 이것은 말 그대로 같은 공간에 사는 것을 뜻하는 것으로 남녀가 동거한다는 의미는 아닙니다. 남녀의 동거는 同棲(どうせい)라는 말을 씁니다. 남녀 간의 동거는 同居와 달리 同棲라는 말로 구분이 필요할 만큼 일반적이라는 말이죠.

동거는 '속도위반결혼(できちゃった結婚(けっこん))'과 이어지기도 합니다. '속도위반'은 결혼을 전제로 하기도 합니다만, 설령 그렇다 할지라도 때론 원하지 않는 아이를 갖게 되는 결과를 낳기도 합니다. 이렇게 '속도위반'으로 아이가 생기면 혼인 신고를 한 다음 정식으로 결혼식을 올리기도 하지만, 그 반대로 싱글맘(シングルマザー)으로 아이를 혼자서 키우며 사는 경우도 있습니다.

일본이 한국보다 성에 대해 좀 더 개방적이긴 하지만, 그렇다고 일본인이 '속도위반결혼'을 마냥 대수롭게만 받아들이는 것은 아닙니다. 〈아사히신문〉의 앙케트에 따르면(2010년 1월), '속도위반결혼'에 대해 저항감이 있느냐는 질문에 61%가 그렇다고 대답했고, 없다고 대답한 사람은 31%였습니다. 저항감을 느끼는 이유에 대해서는 "쉽게 아이를 만들었다는 인상이 있다"고 한 답이 가장 많았습니다. 일본에서도 '속도위반결혼'은 그리 환영 받지 못합니다. 어쨌든 아이를 낳았다면 잘 키울 일입니다. 그러나 너무 어린 나이에 결혼한 이들이 적지 않은 일본에서는 아직 어른이 되지 않은 부모가 많아 아동학대로 이어지는 경우도 늘고 있습니다.

진짜 사랑이란 남녀 간의 사랑(恋)뿐 아니라 세상 모든 것에 대한 사랑(愛)일 때 진정한 가치가 있다는 것을 모르는 어른들이 여전히 많다는 증거겠죠.

07 우동이 맛있습니까

발음 か는 앞에 올 때와 뒤에 올 때의 발음이 서로 다릅니다. かお카오처럼 앞에 올 때는 '카'로 발음되지만, ~ですか데스까처럼 뒤에 올 때는 '까'로 발음됩니다.

から는 ~부터

다음 사진을 봅시다.

一ケ月는 1개월이고 前마에는 전이라는 것은 얼추 알겠는데, 그 다음에 나오는 から카라는 뭘까요? 이것은 '~부터'라는 뜻으로, 그 위에 쓰여 있는 글자를 포함해서 해석하면 '지정석권의 발매(指定席券の発売는)는 1개월 전부터!'라는 뜻입니다. 우리나라도 '정기주차권 발급은 매월 ○○일부터'라는 문구를 볼 수 있죠. 이 から는 일본어에서 아주 중요합니다. 영업시간이 몇 시부터라고 할 때도 から를 쓰고, 물건 가격이 얼마부터라고 할 때도 から를 씁니다. 朝9時から는 '아침 9시부터' 영업을 한다는 말이고, 99円から는 물건이 '99엔짜리부터' 있다는 말입니다. 시간과 돈이 어디서부터 시작하는지를 아는 것은 매우 중요하겠죠?

▶ かつ丼 카츠동
돈까스덮밥으로 かつ는 とんかつ통카츠로 돈까스, 丼은 どんぶり돈부리로 덮밥을 뜻합니다.

か만 알면 일본어로 질문할 수 있다

か가 문장 맨 뒤에 붙으면 일본어의 질문을 뜻합니다. 하지만 우리말과 마찬가지로 일본어에도 존댓말이 있습니다. 일본어에서 존댓말을 쓰려면 명사나 형용사 뒤에 です데스를 붙이면 됩니다. 앞에서 배운 문장을 가지고 응용을 해봅시다. 우동이 맛있다는 뭐였죠? うどんが 美味しい였죠. 그러면 '우동이 맛있습니까'라고 물어볼 때는 뭐라고 해야 할까요? うどんが 美味しいですか입니다. 美味しい + です(존댓말, ~입니다) + か(질문)입니다.

계속 이어볼까요? お元気ですか오겡키데스카는 '건강하십니까?'입니다. 金さんですか김상데스카는 '김상인가요?'입니다. 간단하죠?

▶ かえ玉 無料 카에다마 무료우
かえだま카에다마는 라면집에서 면을 다 먹고 국물만 남았을 때 알맹이인 소면만 한 번 더 준다는 뜻으로, 간판에 '무료'라고 쓰여 있으므로 공짜로 서비스해 주겠다는 말입니다.

キムチが 美味しいですか。 김치가 맛있습니까?

* 김치는 외래어이므로 가타카나로 キムチ(키무치)라고 표기한다.

前 전(前)　朝 아침　から ~부터
お元気ですか。 안녕하세요, 잘 지내십니까?

08 큰 나무

🔵발 🔵음 이것도 글자 앞에 오면 '<u>키</u>'이고, 뒤에 오면 '<u>끼</u>'입니다.

왜 き가 나무지?

나무가 아주 크죠. 일본어로 나무는 木^키라고 합니다. 그런데 왜 나무를 き라고 할까요? 한양대학교 명예교수이자 저명한 일본학자인 김용운 교수는 저서 《일본어는 한국어다 1 : 문화로 배우는 일본어》에서 일본어 木가 우리말에서 유래되었다고 주장합니다. 지금도 전라도 지방에서는 나무를 '남기'라고 하는데, 남기 → 나무기 → 기 → 키가 되었다고 합니다. 그러나 일본어 어원사전을 보면 생명, 삶을 뜻하는 生き^{이키}의 줄임말이라는 설도 있습니다.

일본 사람들은 모든 사물에 신의 영혼이 들어있다고 생각합니다. 그중에서도 특별한 나무에는 이 사진처럼 신으로 섬기는 표시인 시메나와(しめなわ)를 칩니다. 이 나무가 있는 곳은 도쿄 인근의 타카오산(高尾山)입니다만, 왜 그 많은 나무 중에서 이 나무가 신을 모신 신성한 나무가 되었을까요. 그건 이 나무가 오래되고 키가 크

기 때문입니다. 왠지 영험이 있을 거라는 거죠.

여기서 '나무가 크다'를 일본어로 표현해볼까요. '크다'를 일본어로는 おおきい^{오오키이}라고 합니다. 大きい에 나오는 お와 い는 앞에서 배운 히라가나죠? 나무는 木니까 '나무가 크다'는 木が おおきい라고 표현할 수 있습니다.

일본 여행시 알아야 할 중요한 단어 きっぷ

일본을 여행하려고 한다면 반드시 알아야 할 단어가 있습니다. 그건 바로 きっぷ^{킷푸}입니다. 다음 사진을 보시죠.

일본을 구석구석 연결한다는 신칸센 표를 파는 곳입니다. きっぷ^{킷푸}는 '표', うりば^{우리바}는 売り場, 즉 '파는 곳'입니다. 따라서 きっぷうりば^{킷푸우리바}는 '표 파는 곳'이라는 뜻입니다. 여행 목적지를 가려면 표를 사야겠죠? 그렇다면 우선 きっぷうりば를 찾으세요.

木が 大きいですね。 나무가 크네요.

* ~ね(네)를 붙이면 상대에게 동의를 구하는 뜻이 됩니다. 크네요? 크죠? 이런 뉘앙스입니다.

木 나무 大きい 크다
切符 표 売り場 파는 곳

09 이것 주세요

발음 く도 앞에 오면 '쿠'로 발음되고, 뒤에 오면 'ㄲ(꾸)'가 됩니다.

숫자 9는 쿠!
숫자 9를 우리말로는 '구'라고 읽죠? 일본어로는 く ^쿠라고 읽습니다. 비슷하죠?

자동차와 구루마
한국에서 '구루마'하면 짐수레를 말합니다. '리어커' 또는 '리아까'라고 부르는 사람도 있죠. 하지만 일본어에서 '구루마'는 자동차를 의미합니다. 車라는 한자 하나만 있을 때는 くるま ^{쿠루마}라고 읽지요. 일본 くるま는 아래 사진처럼 작고 아담한 경차도 많답니다. 그러나 自動車처럼 다른 한자와 결합하면 しゃ ^샤라는 음으로 읽습니다. 自動車는 じどうしゃ ^{지도우샤}로 읽습니다.

그럼 한국에서 짐을 실어 나를 때 쓰는 '진짜 구루마'는 일본어로 뭘까요? 그것은 台車 ^{다이샤}라고 합니다. 台 ^{다이}가 물건을 놓는 곳이니 물건을 놓고 나르는 くるま인 셈이죠. 당구장에서 당구대를 だい ^{다이}라고 하는 것 아시죠?

구름은 くも

도쿄 도심 풍경입니다. 하늘을 가득 덮은 것은 다름 아닌 くも 쿠모, 즉 구름(雲)입니다. くも에 り를 붙이면 구름이 많아 흐린 상태를 가리키는 말인 曇り 쿠모리가 됩니다. 구름이 많으니까 흐리겠죠? くも는 구름이라는 뜻 말고 '거미'라는 뜻도 있습니다.

~해 주세요

우리말에서 남에게 부탁할 때는 '~ 해 주세요' 또는 '~ 주세요'라고 말합니다. 일본어도 이런 표현이 당연히 있습니다. 바로 ください쿠다사이입니다. 들어보신 분들도 꽤 계실 듯합니다. 이 표현은 한국말로 들으면 이상하게 들리지도 모르지만, 일본어로는 정중한 뜻입니다. ください쿠다사이의 원형이라 할 수 있는 下す쿠다스라는 말이 있습니다. 이것은 '누구에게 ~을 하사하다'라는 뜻입니다. 따라서 下さい는 '~을 내려 주십시오'라는 간청의 표현이 됩니다.

혹시 여행 가서 뭔가 사고 싶을 때 ください는 바로 응용 가능합니다. 손가락으로

▲ くすり쿠스리는 약(薬)을 뜻합니다. 따라서 薬가 적혀 있는 곳은 약을 살 수 있는 곳이라고 생각하면 됩니다.

▲ 宝くじ타카라쿠지는 복권을 뜻합니다.

물건을 가리키고 これ ください코레 쿠다사이라고 말하면 끝입니다. これ는 '이것'으로 영어의 this에 해당합니다. ください는 일본 CM에서도 자주 등장합니다. 보통 광고가 끝나면 꼭 이런 말을 넣거든요. お電話下さい오뎅와쿠다사이. '전화 주세요'라는 말입니다. 전화번호와 함께 이 말을 넣지 않으면 광고한 의미가 없겠죠?

これ ください。 이것 주세요.

九 숫자 9 雲 구름 曇り 흐림, 흐린 상태 車 차
自動車 자동차   台車 짐 나를 때 쓰는 수레
電話 전화 これ 이것 下さい ~ 주세요

⑩ 휴대폰 있습니까

け け け け

🔵 발 음 이것도 발음은 앞에 오면 '케', 뒤에 오면 '께'가 되겠습니다.

털과 연못

이 け는 그 자체로 뜻이 있습니다. '털'을 가리키는 한자 毛를 け라고 읽습니다.

이 け 앞에 い가 오면 池이케가 됩니다. '연못'이라는 뜻이지요. 池로 시작하는 이름 중에 유명한 사람으로는 池田이케다 총리가 있습니다. 池田는 단카이(団塊) 세대라고 부르는 청년 세대의 학생운동이 절정에 달했을 때 총리를 맡았는데, 그때 국민들의 관심을 정치 대신 경제로 돌리려고 유럽에 가서 세일즈 외교를 하곤 했습니다.

い로 시작하는 고유명사는 이름뿐만 아니라 지명도 있습니다. 도쿄에 있는 池袋이케부쿠로입니다.

▶ 池袋駅이케부쿠로에키
이케부쿠로 역

휴대폰은 케이타이

け로 시작하는 단어 중에는 현대 문명의 필수품도 있습니다. 바로 아래 사진에 나오는 휴대폰입니다. 그래서 일본어로 이 휴대폰을 けいたい 케이타이라고 합니다. 왜 휴대폰을 '케이타이'라고 할까요? けいたい란 '휴대'를 뜻하는 한자 携帯를 일본어로 읽은 발음입니다. 원래는 携帯電話(けいたいでんわ)인데, 전화인 電話(でんわ)는 생략하고 携帯만 씁니다. 일본어는 단어가 길면 줄이는 경향이 있습니다. 그래서 그냥 '케이타이'라고만 부르죠. 표기는 가타카나로 ケータイ 케-타이로 하는 경우가 많습니다.

자 그럼 사람을 만나면 휴대폰 있냐고 물어볼 때가 있죠? 이때는 뭐라고 할까요? 휴대폰은 携帯, '있습니다'는 あります, 질문형은 이 あります에 か를 붙인다고 앞서 이야기했죠? 따라서 '있습니까'는 ありますか 아리마스카입니다. 따라서 '휴대폰 있습니까'라는 일본어 문장은 携帯(けいたい) ありますか가 됩니다.

▲ 건담을 테마로 한 휴대폰

携帯(けいたい)ありますか。 휴대폰 있습니까?

毛(け) 털 池(いけ) 연못
池田(いけだ) 이케다(이름) 携帯電話(けいたいでんわ) 휴대폰

⑪ 여기는 어디입니까

발음 '코'로 발음합니다. 예전에 한국에서 일본 사람을 만난 적이 있습니다. 1995년 한신 대지진이 났던 고베(神戸) 이야기를 했었죠. 그때 '고베'라고 이야기하니까 못 알아듣더군요. 왜냐하면 우리말로는 '고베'이지만 일본어로는 '코오베'라고 하기 때문입니다. こ는 '코'에 가깝다는 것, 주의하세요. 이 こ도 단어 앞에 올 때는 '코'로, 글자 뒤에 올 때는 '꼬'로 발음됩니다.

잉어처럼 힘차게

5월 5일은 우리나라와 마찬가지로 일본에서도 어린이날로 휴일입니다. 일본에서는 이즈음에 집 앞에 잉어 모양의 천을 장대에 걸어둡니다.

이른바 こいのぼり ^{코이노보리}라 해서, こい는 잉어(鯉), のぼり는 '튀어 오르다'는 뜻입니다. 잉어가 물길을 타고 힘차게 솟아오르는 것을 상징합니다. 아이들이 튀어 오르는 잉어처럼 건강하게 자라달라는 의미죠. こ는 지금 배운 글자이고 い는 앞에서 배웠죠. 둘을 합친 단어 こい를 잉어라고 합니다. 바람이 불면 이 鯉のぼり는 힘차게 휘날립니다. 주둥이와 꼬리 부분이 바람이 통하기 때문이죠.

여자와 아이는 같은 한자

이 こ는 그 자체로 작다(小), 새끼(子)라는 뜻을 가지고 있습니다. 그래서 아이들을 子供코도모라고 합니다. 우리말의 '꼬마'와 비슷하죠? 개를 일본어로는 犬이누라고 합니다. 그럼 강아지는? 작으니까 こ가 들어가서 子犬코이누라고 합니다. 마찬가지로 고양이는 猫네코, 새끼 고양이는 子猫코네코라고 합니다. こ가 '새끼', '작다'라는 뜻이 있다는 이야기는 이미 했죠?

혹시 '오야붕', '꼬붕'이란 말을 들어보신 적 있나요? 오야는 おや라고 하는데 '부모' 또는 '두목'이라는 뜻으로 한자로는 親라고 씁니다. 오야붕은 親分오야붕으로 쓰고, 똘마니를 뜻하는 '꼬붕'은 子分코붕이라고 씁니다. 일본어에서 こ는 '아이', '작다', '똘마니'라는 뜻으로 쓰인다는 것을 알아두시면 됩니다. 그래서인지 몰라도 예전에는 일본 여자 이름에 子가 많이 들어갔습니다. 피천득의 수필《인연》에 보면 '아사코'가 나오죠? 일본 한자로 쓰면 朝子(조자)입니다. 왜 '조자'가 '아사코'일까요? 아침을 뜻하는 朝를 あさ아사라고 읽고, 子를 こ코라고 읽으니까요.

제가 몇 년 전에 다녔던 일본 회사에도 こ가 들어간 여자 이름이 많았습니다만, 일본에서도 요즘에는 촌스럽다는 평이 있어서 잘 안 씁니다.

こ가 두 개 모이면 '여기'가 된다

그럼 이 こ가 두 개 모이면 뭐가 될까요? 이 こ가 두 개 모이면 '여기'를 가리키는 말이 됩니다. 영어의 here입니다. 이 ここ는 엄청나게 많이 쓰이는 단어입니다.

▲ 이 사진은 ここは 코코와로 문장이 시작되죠? "여기는 노상 금연 지구입니다"라는 뜻입니다.

일본어로 "여기는 어디입니까?"라고 묻고 싶으면 ここは どこですか 코코와 도코데스카라고 하면 됩니다. は 와는 조사 '~은/는', どこ 도코는 '어디'라는 뜻입니다. 그러면 일본 사람이 줄줄 말할 테니 그냥 はい 하이 하고 지도를 펴는 게 좋겠죠?

장소에 관한 일본어를 정리해보면, '여기'는 ここ 코코, '거기'는 そこ 소코, '저기'는 あそこ 아소코, '어디'는 どこ 도코입니다. 모두 こ가 들어갑니다. 아마도 우리말의 '곳'에서 'ㅅ'이 사라지고 '코'로 된 게 아닐까요.

◀ おとこのこ 코토코노코
화장실 표시로 男の子 오토코노코는 '남자 아이'라는 뜻. 여자 아이는 女の子 온나노코

▶ こちら 코치라 ここ의 높임말

이것만 꼭 외우세요

ここは どこですか。 여기는 어디입니까?

단어정리

鯉のぼり 잉어 날리기 子供 아이 親分 부모 또는 두목
子分 똘마니 子犬 강아지, 작은 개 子猫 새끼고양이, 작은 고양이
朝子 일본 여자 이름 중 하나 ここ 여기
そこ 거기 あそこ 저기 どこ 어디
こちら ここ의 높임말 男の子 남자 아이 女の子 여자 아이

かきくけこ 정리

다음 ( )에 들어갈 히라가나를 적어서 전체 단어를 완성한 후 음도 옆에 적으시오.

01	맛있습니까	おいしいです( )
02	~부터	( )ら
03	나무	( )
04	크다	おお( )い
05	구름	( )も
06	자동차	( )るま
07	휴대폰	( )いたい
08	여기	( )( )
09	어디입니까	ど( )ですか
10	아이	( )ども

정답

❶ おいしいです(か) 오이시이데스카 ❷ (か)ら 카라 ❸ (き) 키 ❹ おお(き)い 오오키이 ❺ (く)も 쿠모
❻ (く)るま 쿠루마 ❼ (け)いたい 케이타이 ❽ (ここ) 코코 ❾ ど(こ)ですか 도코데스카 ❿ (こ)ども 코도모

짤·막·포·인·트

일본어 장음

　일본어에는 앞 글자의 발음을 길게 늘여서 발음하는 경우가 있습니다. 그것을 장음(長音)이라고 합니다. 우리말에도 장음은 있습니다. '눈(眼)에 물이 들어갔다' 할 때의 눈은 단음이고, '눈(雪)이 내리네' 할 때의 눈은 장음입니다. 하지만 실제 생활에서는 단음과 장음을 거의 구분하지 않는 것이 현실입니다. 이런 우리말 특성 때문에 일본어를 공부할 때 장음을 소홀히 하기 쉽습니다.

　일본어에서 장음 발음은 중요합니다. 장음으로 확실히 늘여주지 않으면 일본 사람이 못 알아듣기 때문입니다.

　일본어 장음 발음은 일곱 가지 경우가 있습니다.

1. あ단 글자 뒤에 あ가 올 때 → おかあさん(お母さん) 오카-상 어머니
2. い단 글자 뒤에 い가 올 때 → おにいさん(お兄さん) 오니-상 형, 오빠
3. う단 글자 뒤에 う가 올 때 → くうこう(空港) 쿠-코- 공항
4. え단 글자 뒤에 い 또는 え가 올 때 → せんせい(先生) 센세- 선생님
5. お단 글자 뒤에 う 또는 お가 올 때 → こうばん(交番) 코-방 파출소
6. 요음 뒤에 う가 올 때 → きょうと(京都) 쿄-토 교토
7. 가타카나의 장음은 ー로 표시합니다. → ニュース 뉴-스 뉴스

 문화코드 2

월드컵과 카미카제

  지난 남아공월드컵. 원정 16강이라는 화려한 성적으로 마무리한 일본 대표팀이지만, 본선이 시작되기 전만 하더라도 본선 전패 탈락의 수모를 겪을지도 모른다는 예상이 많았습니다. 일본 사람들은 이때 신의 바람이 불어서 어떻게든 원정 1승이라도 건졌으면 좋겠다고 간절히 바랐습니다. 신의 바람(?). 일본어로 神風라고 씁니다. 일본인들은 현실적으로 어떤 바람이 이루어지기 힘들 때 신의 바람을 찾습니다. 왜 그럴까요.

  13세기 중원을 통일한 칭기즈 칸은 고려를 거쳐 일본까지 쳐들어옵니다. 세계 최강의 기병대를 자랑하는 몽고군. 한 번도 외침을 받아본 적이 없는 일본은 무사(武士) 정권이었음에도 불구하고 여몽연합군의 침공으로 입은 타격이 컸습니다. 상대가 안 되었다는 말이죠. 그러나 일본 지리에 어두웠기 때문에 여몽연합군은 해가 지자 배를 묶어 둔 해안가로 돌아갔습니다. 다음날, 일본군은 전투를 하러 나갔으나 그 많던 여몽연합군과 배는 흔적도 찾을 수 없었습니다. 태풍이 와서 그들을 쓸어 갔기 때문입니다. 7년 후 다시 몽고군은 고려군을 앞세워 14만 명이라는 대군을 일본에 보냅니다. 그런데 신기하게도 이때도 태풍이 와서 또 다시 일본을 구합니다.

일본은 이때부터 이 태풍을 일본을 구한 신(神)의 바람(風), 즉 카미카제(神風)라고 부르기 시작했고, 일본은 신의 보호를 받는 신국(神國)이라는 불패신앙을 갖게 됩니다. 그런데 이 카미카제 신앙은 태평양전쟁때 엉뚱하게 활용됩니다. 당시 일본군 지도부는 승산이 없다는 것을 알면서도, 일본은 현인신(現人神)인 천황의 보호를 받는 나라이므로 이길 수 있다는 허황된 논리를 내세워 일본 젊은이들을 神風라는 이름의 자살특공대로 출격시킵니다. 그들은 천황을 위해 자랑스럽게 죽으면 야스쿠니(靖国)신사에서 만날 수 있다고 믿으며, 미국 항공모함까지만 날아갈 수 있는 연료를 실은 비행기에 몸을 싣습니다. 그러나 현실은 어떠했을까요.

일본 보수언론을 대표하는 〈요미우리신문〉의 와타나베 쓰네오(渡邉恒雄) 회장 겸 주필은 지난 2006년 고이즈미 준이치로(小泉純一郎) 총리를 신랄하게 비판한 적이 있습니다. 와타나베 쓰네오 회장은 본인이 태평양전쟁 말기에 일본군에 징집된 적이 있는 사람입니다. 그는 이렇게 회고했습니다(〈뉴욕타임스〉 2006년 2월 11일자).

"(태평양전쟁 때 일본의 자살특공대인) 카미카제 대원들이 '천황폐하 만세'를 외치며 용맹과 기쁨으로 돌진했다는 것은 모두 거짓말이다. (겁에 질려) 일어서지도 못하는 대원을 강제로 비행기에 밀어 넣는 경우도 있었다."

카미카제는 역사와 신화가 뒤섞이면서 만들어낸 비극이었죠. 그러나 이런 저간의 사정을 아는지 모르는지 일본인들은 국가 대항전이 있을 때면 머리에 神風라는 띠를 두르고 응원에 나섭니다. 진짜 '신의 바람'은 일본이 외세의 침략을 받기 힘든 섬나라라는 지정학적 위치가 가장 큰 이유였는데 말이죠.

⑫ 먼저 실례하겠습니다

발음 우리말 '사'와 거의 대응합니다. 그냥 '사'로 이해하시면 됩니다.

さ만으로 쓸 수 있는 일본어는 뭐가 있지?

당연히 있습니다. 바로 差입니다.

우리말에서는 A와 B의 차이(差異)라고 쓰지만, 일본어로는 AとBの差라고만 씁니다. 우리말 발음은 '차', 일본어 발음은 さ사입니다. 비슷하긴 하죠?

* と : ~와, の : ~의

◀ さしみ 사시미

▲ さくら 사쿠라

사시미의 진짜 뜻은?

한국 사람도 회를 좋아합니다. 회를 일본어로 '사시미'라고 하는 것은 다들 아실 것입니다. 그런데 왜 회를 '사시미'라고 부를까요? 일본어로 칼로 무언가를 '찌르다'라고 할 때 刺す사스라는 말을 씁니다. 즉, 찌를 자(刺)를 써서 さす라고 하는데, 刺身사시미는 칼로 찔러서 떼어낸 살(身)을 의미합니다. 알고 보니 상당히 잔인한 말이죠? さしみ가 회라서 그런지, 물고기도 さ로 시작합니다. 魚사카나라고 하죠.

사쿠라가 피다

일본을 대표하는 꽃은 바로 さくら사쿠라입니다. 桜는 벚꽃을 의미합니다. 일본인이 '사쿠라'를 좋아해서인지, 꽃이 '피다'라는 동사도 さく라고 합니다. '벚꽃이 피다'는 桜が 咲く사쿠라가 사쿠라고 말하죠. 꽃이 만발한 '만개'는 満開망카이라고 합니다. 우리말의 '만개'와 발음이 비슷하죠? 이 さくら의 계절이 돌아오면 일본인들은 꽃에 취하고 술에 취합니다.

요즘 한국에서도 일본식 술집 居酒屋이자카야를 쉽게 볼 수 있는데요. 거기서 보통 '사케'라고 해서 일본술을 시키는데, 사케는 특정 브랜드의 술을 가리키는 것이 아니라, 그냥 술을 보고 일본인들은 酒라고 합니다. 보통은 정중하게 お를 붙여서 お酒오사케라고 합니다.

먼저 실례하겠습니다

さくら의 계절이 와서 さしみ를 시켜서 おさけ를 실컷 먹다가, 먼저 일어나야 할 때가 있습니다. 이때 하는 인사말은 뭘까요? 우리말로는 '먼저 실례하겠습니다'인데, 일본어로 써보면 お先に 失礼します오사키니 시츠레이시마스입니다. お先に는 '먼저', 失礼는 '실례', します는 '하겠습니다'입니다. 재미난 점은 失礼를 우리말로 읽으면 '실례(失禮)'인데 일본어로는 しつれい시츠레이가 됩니다. 알고 보면 일본어 발음은 우리말과 유사한 것이 꽤 많습니다.

お先に 失礼します。 먼저 실례하겠습니다.

刺身 회 刺す 찌르다 桜 벚꽃 咲く 피다 酒 술
魚 물고기 お先に 먼저 失礼 실례

짤·막·포·인·트

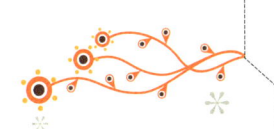

감기와 관련된 일본어 표현

예전에 제 아내가 일본으로 갑자기 건너왔을 때, 감기에 걸린 적이 있었습니다. 감기를 일본어로는 かぜ카제/風邪라고 합니다. 기침せき/세키을 심하게 했는데, 당시에는 아내가 일본어를 잘 못해서 제가 병원에 데려 갔습니다. 외국에 살 때 언어가 안 되면 병원도 제대로 혼자서 못 갑니다. 감기 걸렸을 때 병원에서 쓰는 말을 한 번 정리해 보겠습니다.

せきが出る。 세키가 데루. 기침이 나오다.
*咳세키 기침

せきが止まらない。 세키가 토마라나이. 기침이 멈추지 않는다.
*止まる토마루 멈추다

あたまが痛い。 아타마가 이타이. 머리가 아프다.
*頭아타마 머리
*참고로, 두통은 頭痛즈츠우입니다.

のどが はれている。 노도가 하레테이루. 목이 붓다.
*のど노도 목

鼻が詰まっている。 하나가 츠맛테이루. 코가 막히다.
*鼻하나 코
*참고로, 가래는 たん탄, 콧물은 はなみず하나미즈입니다.

PART 1. 히라가나 051

⑬ 일을 할 수밖에 없다

🔊 **발음** し의 영어 표기로는 si, shi 두 개를 씁니다만, 발음은 우리말 '시'와 거의 같습니다. 이 し를 외우려면 앞서 배운 おいしい(맛있다)를 떠올리세요. おいしい오이시이 아니면 さしみ사시미입니다.

숫자 4는 시

し 자체만으로도 의미가 있는 단어가 있을까요? 예, 있습니다. 숫자 4(四)를 し라고 읽습니다. 그러고 보니 우리말 '사'와 일본어 '시'는 점 하나 차이군요. 우리말에서도 이 '사'는 죽을 死 라고 해서 싫어합니다만, 일본도 죽음을 뜻하는 단어로 死를 씁니다. 따라서 일본 호텔에 가면 4층이 없는 경우가 꽤 있습니다. 게다가 '죽다'를 일본어로 하면 死ぬ시누라고 합니다.

일본에서 국 하면 미소시루

이거 뭘까요? 바로 국입니다. 일본어로 국은 汁시루라고 합니다. 그런데 모든 국은 된장국으로 수렴됩니다. 즉, 일본에서 밥과 함께 먹는 국은 みそしる미소시루라고 해서 이 국밖에 없습니다. 단, 건더기는 가게에 따라 바뀝니다. 그래서 그 집 부인 음식 솜씨를 맛보려면 바로 味噌汁 맛을 보라는

말이 있죠. 일본 식당 가서 정식(定食ていしょく)을 시키면 꼭 이 味噌汁みそしる가 딸려 나옵니다. 참고로 味噌汁みそしる가 아닌 것은 スープ 스-푸/soup라고 합니다.

일할 수밖에 없다

이 しる를 사먹기 위해서는 일을 해서 돈을 벌어야겠죠? '일'이란 일본어는 뭘까요? しごと 시고토입니다. 그럼 된장국을 먹기 위해 '일을 할 수밖에 없다'라는 문장을 한 번 만들어 볼까요. '일'은 仕事しごと 시고토, '~을/를'은 を오, '하다'는 する 스루입니다. 그렇다면 마지막으로 '~수밖에 없다'만 알면 됩니다. 동사 + しかない 시카나이입니다. 따라서 '일을 할 수밖에 없다'라는 표현은 仕事しごとを する しかない 시고토오 스루 시카나이가 됩니다.

▲ 가츠동 정식. 가츠동 정식은 돈카스 정식을 말합니다.

자 그럼 간단하게 응용이 가능합니다. 앞에서 '오뎅이 먹고 싶다'는 뭐였죠? おでんが 食たべたい 오뎅가 타베타이였습니다. 이때 '먹다'는 食たべる 타베루라고 배웠습니다. 그렇다면 (배고파서) '먹을 수밖에 없다'라고 한다면? 食たべるしかない 타베루시카나이가 되지요. '마시다'는 飲のむ 노무입니다. 그렇다면 (맛있어서) '마실 수밖에 없다'라고 한다면? 飲のむしかない 노무시카나이가 되겠습니다. 일본어! 우리말과 문법이 거의 비슷하죠?

仕事しごとを する しかない。 일을 할 수밖에 없다.

四 숫자4   死ぬしぬ 죽다   汁しる 국   味噌汁みそしる 된장국
スープ 스프   仕事しごと 일   食たべる 먹다
しかない。 ~ 할 수밖에 없다.   飲のむ 마시다

⑭ 네가 좋아

발음 す는 '스'와 '수'의 중간 발음인데, '수'보다는 '스'가 더 낫습니다. 무리하게 '수'라고 발음하다 보면 です를 발음할 때도 '데수'가 되어 우리말의 '됐수'로 들립니다. 그냥 '스'로 외우세요.

식초는 스

이 す스는 그 자체로 뜻이 있는데 바로 酢す입니다. 酢는 식초입니다. 그러므로 일본에서 冷麺레이멘/냉면을 먹을 때 식초를 달라고 하려면? '식초 주세요'라는 일본어 표현을 하면 됩니다. 앞서 '이것 주세요'가 これ ください코레 쿠다사이라고 배웠습니다. 그렇다면 これ를 す로 바꾸면 되겠죠. 酢 くださいす 쿠다사이되겠습니다.

▶ 식초

초밥은 스시

다음 사진을 봅시다.

 すし^{스시}라고 쓰여 있습니다. 일본을 돌아다니다보면 흔히 볼 수 있는 글자인데요. 뭘까요? 바로 초밥입니다. 일본 사람들이 매우 좋아하는 음식은 뭐니 뭐니 해도 이 생선초밥을 빼놓을 수 없죠. 한자로 써보면 寿司입니다. 이 생선초밥을 먹으려면 보통 회전초밥집으로 갑니다. 회전초밥은 일본어로 回転寿司 카이텐즈시라고 합니다. '회전'을 뜻하는 '카이텐'과 생선초밥을 뜻하는 '스시'가 합쳐진 글자인데, 합쳐지면서 뒤의 '스시'가 '즈시'로 바뀌었습니다. 이런 변화는 일본어에서 자주 일어나는 현상입니다.

일단 그런 현상이 있다는 것만 알아두세요.

    회전초밥집에서는 단순히 생선초밥만 나오는 건 아니고, 음료수, 국수 등 다양한 것들이 초밥 접시 위에 담겨서 나오기도 합니다. 녹차와 わさび와사비/고추냉이, 醬油쇼우유/간장, お箸오하시/나무젓가락만 있으면 식사 준비가 끝납니다.

네가 좋아

    '네가 좋아'라는 말을 す로 시작하는 문장으로 한 번 만들어 봅시다. 앞서 '당신을 사랑해'를 배운 적이 있죠? あなたを 愛してる. 그러나 이 말은 왠지 느끼한 느낌이 듭니다. 젊은 사람끼리는 역시 '당신'보다는 '너'를 더 많이 쓰죠. 또한 '사랑한다'고 직접적으로 말하기보다 우선은 '좋다'라고 표현합니다. 이때 쓰는 말이 바로 好き스키입니다. '~을/를 좋아해' 이러면 ~が 好き~가 스키라고 표현할 수 있습니다. 따라서 '네가 좋아'라고 말하고 싶다면, '너'를 뜻하는 君키미를 넣어 君が 好き라고 하면 됩니다. 물론 이 말은 길 가다 아무한테나 하면 안 되겠죠.

◀ すき家 스키야
좋아하는 것을 먹는
집. 소고기 덮밥집
체인 이름입니다.

참고로, '~을/를'을 뜻하는 일본어는 を입니다만, 몇 가지 동사에서는 を 대신에 が를 씁니다. '~을/를 좋아하다'는 뜻의 好きが を 대신에 が를 쓰는 대표적인 예입니다.

君が 好き。 네가 좋아.

酢 식초 冷麺 냉면 寿司 초밥
わさび 고추냉이 醬油 간장 お箸 나무젓가락
回転寿司 회전초밥 好き 좋다 君 너, 당신

15 그 남자는 키가 큽니다

발음 발음은 se로, 우리말 '세'와 같습니다.

키는 세

せ란 글자는 그 자체로도 의미가 있습니다. 뭘까요. 바로 키를 말합니다. 키는 背. 그렇다면 '키가 크다'는 뭘까요? 조사 '가'는 이미 앞에서 が라고 배웠으니 '크다'만 알

▲ 処方せん受付 쇼호우센 우케츠케 처방전 접수
일본도 의약 분업이 되어서 병원에서 받은 처방전을 약국으로 가져가야 약을 받을 수 있습니다.

▲ 健康やせ켄코우야세 건강하게 날씬해지기
健康는 건강, やせ는 '살이 빠지다', '마르다'를 뜻하는 동사 やせる야세루의 명사형

면 되겠죠. 일본어로는 높을 고(高) 한자를 써서 高い타카이란 말을 씁니다. 즉, '키가 크다'는 背が 高い세가 타카이가 됩니다. 씨름 선수였다가 격투기 선수로 전향한 최홍만 선수는 키가 크죠? チェホンマン은 背が 高い체홍망와 세가 타카이라고 표현할 수 있습니다. 반대로 '작다'는 무엇일까요? 低い히쿠이라고 합니다. 彼女は 背が 低いけど 可愛い카노죠와 세가 히쿠이케도 카와이이라는 문장을 봅시다. 彼女카노죠는 '그녀', けど는 '~이지만', 可愛い카와이이는 '귀엽다'입니다. 따라서 '그녀는 키가 작지만 귀엽다'라는 뜻이 됩니다.

세 살 버릇 여든 간다

セ와 관련된 단어 중 중요한 것을 한 번 뽑아봅시다. 癖쿠세라는 말이 있습니다. 한국에서도 속어로 '구세'라는 단어를 쓰기도 합니다. くせ는 버릇이라는 뜻입니다. 癖になる쿠세니나루는 '버릇이 되다'라는 말입니다. ~になる니나루는 '~이 되다'라는 뜻입니다. 그럼 세 살 버릇 여든까지 간다는? 三つ子の 魂 百まで 미츠고노 타마시이 햐쿠마데 입니다. 三つ子는 '세 살배기', 魂는 '혼', 百는 '100', までは '~까지'입니다. 직역하자면 '세 살배기 정신이 100살까지'라고 할 수 있겠죠.

◀ いらっしゃいませ 이랏샤이마세
'어서오세요'라는 말입니다. 신주쿠 미츠코시 백화점 입구에 있는 안내판입니다.

彼は 背が 高いです。 그 남자는 키가 큽니다.

背 키 高い 크다, 값이 비싸다 低い 작다, 높이가 낮다
けど ~이지만 可愛い 귀엽다 癖 버릇 三つ子 세 살배기
魂 혼 ~になる ~이 되다

16 그렇군요

そ そ 또는 そ そ そ

발음 이 そ도 우리말 '소'와 거의 대등합니다.

그렇군요, 소우소우소우······.

한국 사람이 일본어에 대해서 알고 있는 몇 가지 단어를 꼽으라면 あの^{아노}, すみません^{스미마셍}, そうですね^{소우데스네}, ありがとう^{아리가토우} 등을 들 수 있겠습니다. 여기에 당당히 そうですね가 들어가 있죠. そうですね는 そうです^{소우데스}와 ね^네가 결합된 형태입니다. そうです는 '그렇습니다'라는 뜻이고, ね는 상대의 의견에 맞장구를 칠 때 붙는 수식어입니다. 우리말로 '~군요'라는 뜻입니다. 따라서 そうですね는 '그렇군요'가 되겠습니다.

そうですね가 정석이지만, 일본 사람들은 자기 의견에 누군가 동의하면 そうそうそうそうそう!^{소우소우소우소우소우}로 줄여서 이야기 합니다. 우리말로 바꾸어보면 '그래그래…, 내 말이 그 말이야!' 정도가 되겠습니다. 물론, 이 표현은 서로 편한 사이에서 씁니다. 좀 더 조심스럽게 표현하려면 そうですね라고 해야 합니다.

그렇습니다

누군가 무언가를 물어볼 때 단순히 '그렇습니다'라고 하려면 そうです^{소우데스}라고 하면 됩니다. 이 そう는 상대가 한 이야기 전체를 지칭합니다. 기본 중의 기본이죠.

간단하게 そうです가 들어간 문장을 만들어볼까요.

あなたは韓国人ですか。 아나타와 캉코쿠진데스카. 당신은 한국인입니까?
はい、そうです。 하이, 소우데스 예, 그렇습니다.

여기서 そう는 '당신은 한국인입니까'라는 문장 전체에 대한 대답을 의미합니다.

메밀국수는 소바

'소'가 들어가 있는 또다른 단어는 뭐가 있을까요? 일본인이 좋아하는 そば 소바가 있네요. 메밀국수입니다. そ와 함께 ば 바도 외우세요. 이 소바는 보통 때도 먹습니다만, 일본 사람들이 빠지지 않고 꼭 먹는 날이 있습니다. 그건 바로 한 해 마지막 날입니다. 이날은 大晦日 오오미소카라고 해서 가족끼리 모여서 年越しそば 토시코시소바를 먹습니다. 年越し란 '해를 넘기다'라는 뜻이므로, としこしそば란 '해를 넘기기 위해 먹는 메밀국수'란 뜻입니다. 예전에는 다들 직접 만들어서 먹었는데, 요즘에는 주로

▼ 吉そば 요시소바

▶ そば 소바

가게에서 사서 먹습니다.

그리고 이 そば를 먹기 전에 연말에 각 가정, 회사별로 하는 중요한 행사가 있습니다. 행사라고 하기는 조금 뭐합니다만, 바로 대청소입니다. 한 해를 보내기 전에 대청소를 함으로써 잘 마무리를 하고자 하는 의미가 있죠. 청소는 일본어로 そうじ^{소우지}, 대청소는 おおそうじ^{오오소우지}라고 합니다. 한자로 쓰면 각각 掃除, 大掃除가 됩니다.

そうですね。 그렇군요.

そう 그렇지   そうです 그렇습니다   そば 메밀국수
掃除 청소   大掃除 대청소   大晦日 한 해 마지막 날
年越しそば 한 해를 넘길 때 먹는 메밀국수

さしすせそ 정리

다음 ( )에 들어갈 히라가나를 적어서 전체 단어를 완성한 후 음도 옆에 적으시오.

01	먼저	お( )きに
02	실례	( )つれい
03	회	( )しみ
04	일	( )ごと
05	~밖에 없다	( )かない
06	식초	( )
07	~가 좋아	が ( )き
08	키가 크다	( )が たかい
09	그렇군요	( )うですね
10	메밀국수	( )ば

정답
❶ お(さ)きに 오사키니　❷ (し)つれい 시츠레이　❸ (さ)しみ 사시미　❹ (し)ごと 시고토
❺ (し)かない 시카나이　❻ (す) 스　❼ が (す)き 가 스키　❽ (せ)が たかい 세가 타카이
❾ (そ)うですね 소우데스네　❿ (そ)ば 소바

짤·막·포·인·트

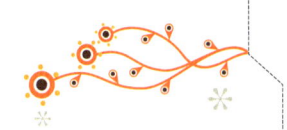

일본어 받침은 작은 っ와 ん 딸랑 두 개?

일본어는 주로 모음으로 끝나므로 받침이 거의 없습니다. 그러나 때에 따라서는 받침이 필요한 경우도 있는데, 작은 っ와 ん이 그 역할을 담당합니다.

이 작은 っ와 ん은 발음이 고정된 것이 아니라 뒤에 어떤 글자가 오느냐에 따라 달라집니다.

작은 つ는 ㅂ, ㅅ, ㄱ 받침을 커버합니다.
いっぱい^{입파이}, いっさい^{잇사이}, しゅっけつ^{슉케츠}가 됩니다.
* 자세한 것은 つ 짤막 포인트(78 페이지) 참조

ん은 ㅇ, ㄴ, ㅁ 받침을 커버합니다.
でんわ^{뎅와}, かんたん^{칸탄}, しんぶん^{심붕}이 됩니다.
* 자세한 것은 히라가나 47장(183 페이지) 참조

일본어 받침은 작은 っ와 ん밖에 없다 보니 우리말의 다른 발음 등은 깨지기 마련입니다. 그래서 김치는 '기무치'가 되는 것이고, 먹는 햄은 '하무(ハム)'가 되며, 핫(hot)은 '홋토(ホット)'가 되는 것이죠.

따라서 일본 사람이 우리말로 자기소개를 할 때는 '~입니다'를 '~이무니다'라고 합니다. 괜히 맥도날드가 '마쿠도나루도(マクドナルド)'가 되는 것은 아닙니다. 일본어는 모음을 좋아하니까요. 일본어 받침은 작은 っ와 ん 두 개라는 것을 알아두세요.

 문화코드 3

일본의 제철 음식과 사시미

 일본 음식의 특징은 무엇일까요? 그것은 계절별로 나는 재료를 그대로 맛보는 것을 즐긴다는 것입니다.

 봄에는 쑥과 부추, 버섯을 즐기고 아이들과 농장에 '딸기 따기'를 하러 갑니다. 일본인이 좋아하는 가다랑어도 늦봄인 5월부터 많이 잡힙니다. 가다랑어를 보통 어디에 쓰냐고요? 카츠오부시(かつおぶし)라고 해서 가다랑어를 말려 국물 내기 재료로 쓰기도 하고, 오코노미야키(おこのみやき)나 타코야키(たこやき) 위에 뿌려서 먹기도 합니다. 겨울에서 봄까지 즐기는 해산물 중에는 호타테(ほたて)라고 해서 가리비도 슈퍼에서 흔히 볼 수 있죠.

 여름에는 뭐니 뭐니 해도 토마토와 수박이죠. 토마토는 일본에서 채소에 속합니다. 수박을 먹는 방법도 독특합니다. 소금을 쳐서 먹거든요. 소금을 치면 여름에 부족하기 쉬운 염분도 섭취하고 수박의 단맛을 더욱 진하게 느낄 수 있다는 게 이유라네요.
 여름에는 한국에서 냉면을 즐기듯 츠케멩(つけめん)이라고 해서 시원한 면발을 츠유(つゆ)라고 하는 소스에 찍어 먹습니다. 그리고 한국의 복날에 해당하는 우시노히(丑の日)에는 장어를 즐겨 먹습니다. 이때 얼마나 많은 장어가 소비되는지 일본 내에서 잡힌 장어로는 모자라 중국 및 동남아산도 불티나게 팔립니다.

가을이 되면 꽁치(さんま)가 살이 올랐다고 즐겨 먹습니다. 그리고 은행 열매와 사과, 밤이 쏟아져 나오죠. 그리고 잘 익은 홍시.

겨울은 무엇을 즐겨 먹을까요. 각 가정마다 따뜻한 코타츠(こたつ, 발을 안에 넣고 앉아서 온기를 쬐는 앉은뱅이 탁자)를 틀어놓고 옹기종기 모여서 귤(みかん)을 먹습니다.

이렇게 보면 먹는 문화가 한국과 비슷하다고도 할 수 있습니다.
그런데 일본인이 유난히 사랑하는 음식이 따로 있습니다. 그것은 바로 회, 사시미(さしみ)입니다. 사시미는 일본 슈퍼에서도, 대중적인 선술집에서도, 온천 여관에서도 쉽게 눈에 띄는 주요 메뉴 중 하나입니다.

이처럼 사시미나 스시(すし), 계절별로 즐겨 먹는 물고기 등 일본의 식문화는 생선을 빼놓고는 설명하기 힘듭니다. 그런데, 최근 일본도 생선을 잘 먹지 않는 젊은이들이 늘고 있다고 합니다. 소고기 등 육식과 이탈리아 요리 등 서구식이 붐을 이루면서 생선은 "먹기 어렵다", "조리하는 게 귀찮다", "양이 적다"는 등의 불만으로 소비량이 줄고 있다는 것입니다. 얼마만큼 줄었냐면, 도쿄도 수산과는 초등학생이 알기 쉽게 《さかなってすごい(생선은 대단해)》라는 책자까지 만들어 배포하기에 이르렀을 정도니까요.

날것이라는 약점을 극복하고 세계적인 음식으로 올라선 스시. 스시의 인기와 달리 일본 내에서는 생선을 싫어하는 젊은이가 늘고 있어, 일본인의 주식이라고도 할 수 있는 생선 요리의 운명이 위태로워지고 있습니다.

⑰ 썩어도 준치

た た た た た

🔊 **발음** 발음은 ta로 たこやき타코야키처럼 앞에 올 때는 '타', いきました이키마시따처럼 뒤에 올 때는 '따'로 발음됩니다.

문어빵은 일본어로 뭐지?

た가 쓰여 있는 사진을 한 번 볼까요?

왼쪽 사진 왼쪽에 크게 たこ焼き〔타코야키〕라는 글자가 쓰여 있는 것이 보이시죠? 이 타코야키는 어떤 음식일까요? 요즘은 한국에서도 고속도로 휴게소나 길거리에서 종종 팔기도 합니다.

たこ〔타코〕는 문어, やき〔야키〕는 구이 또는 빵, 이런 뜻이므로 문어풀빵 정도의 뜻이 되겠습니다. 속에 문어발이 들어 있습니다.

그럼, 붕어빵은 일본어로?

예전에 회사 후배랑 애니메이션 작화 회의(作画打ち合わせ)를 하러 네리마(練馬)에 갔을 때였습니다. 점심은 작화 회의가 끝나고 근처 식당에서 먹었는데, 그 친구가 자기가 '타이야키'를 사주겠다고 했습니다. たいやき〔타이야키〕? 불고기를 일본어로 焼き肉〔야키니쿠〕라고 하는데, 焼き〔야키〕는 '구이'라는 뜻이므로, たいやき〔타이야키〕는 태국식 구이 요리인가 하는 생각을 했었죠. 그런데 웬걸요. 붕어빵이 아니겠습니까? 그럼 그렇죠, 느닷없이 태국 요리를 간식으로 먹자고 하는 것 자체가 이상한 일이니…….

그럼 여기서 たい는 뭘까요? 鯛〔타이〕는 도미입니다. 즉, 일본에서는 붕어빵을 たいやき, 도미빵이라 부릅니다. 아무리 봐도 제 눈에는 도미가 아니라 붕어로 보이는데. 어쨌거나 맛은 붕어빵입니다. 물론 빵에는 도미든 붕어든 안 들어갑니다. 이건 한일 공

▼ たばこ〔타바코〕 酒〔사케〕. 담배와 술을 판다는 말입니다. 모든 편의점이 담배와 술을 파는 것이 아니므로 이렇게 담배와 술을 파는 곳은 편의점 밖에 쓰여 있습니다.

통입니다. 한국은 붕어빵, 일본은 たいやき. 사진의 오른쪽도 한 번 보십시오. 붕어빵이 있고 그 위에 たい焼き라고 쓰여 있습니다. 이 집은 たこ焼き와 たい焼き를 함께 파는군요.

축하하는데 도미가 왜 필요하지?

이 도미는 축하하는데도 쓰입니다. 일본어로 축하한다는 말은 おめでとう 오메데토우 라고 합니다. '새해 복 많이 받으세요'는 일본어로 あけまして おめでとう ございます 아케마시테 오메데토우 고자이마스 입니다. 새해가 밝은 것을(あけまして) 축하합니다(おめでとう ございます)는 뜻입니다. 아울러 올 한 해도 복을 많이 받으라는 뜻이 포함되어 있지요. 이 인사말에 쓰인 것이 바로 축하한다는 おめでとう!

그래서 '졸업을 축하합니다'라고 할 때는 卒業 おめでとう ございます 소츠교우 오메데토우 고자이마스 라고 합니다.

일본에서는 졸업 등을 축하할 때 鯛 타이/도미 를 먹습니다. 왜 그럴까요? 그것은 '축하할 만하다'라고 할 때 めでたい 메데타이 라고 하는데, 이 표현에 도미를 뜻하는 たい라는 단어가 들어가 있습니다.

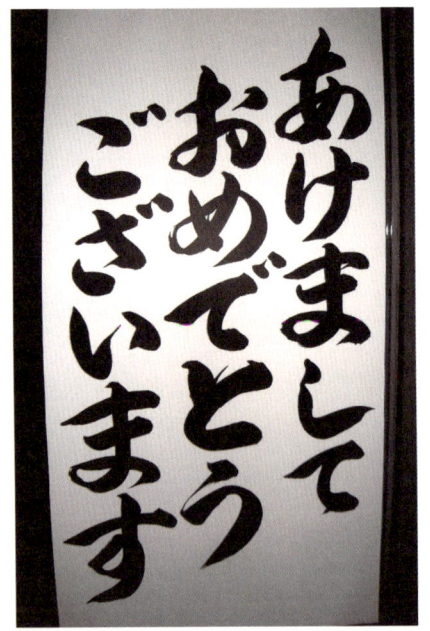

따라서 일본인들은 '메데타이'란 말을 들으면 바로 도미를 떠올리게 됩니다. 그래서 입학식, 결혼식 같이 축하하는 경우에 비싸지만 たい 요리를 먹으면서 축하해주는 것이죠. 한국으로 말할 거 같으면 졸업식 때 가족과 자장면을 먹는 것 같이, 혹은 결혼식에서 갈비탕을 먹듯이, 일본에서는 축하할 때 빠질 수 없는 요리가 도미 요리인 것이죠.

썩어도 준치

たい는 비싼 물고기인 만큼 일본인에게 사랑을 받고 관용어로도 자주 쓰입니다. 우리말로 '부자는 망해도 삼 년을 간다'는 말이 있듯이, 일본어에도 이런 뜻의 말이 있습니다. 腐っても鯛 쿠삿테모 타이입니다. 직역하면 '썩어도 도미'라는 말이죠. 의역하면 '썩어도 준치'가 되겠죠. 腐っても는 '썩어도'입니다. 腐っても는 '썩다'라는 뜻의 동사 腐る 쿠사루와 '~해도'를 뜻하는 ても 테모가 합쳐진 말로 '썩어도'라는 뜻입니다.

腐っても 鯛 썩어도 준치

たい焼き 붕어빵   たこ焼き 문어풀빵   焼き肉 불고기
鯛 도미   腐っても 썩어도   腐る 썩다
明けまして おめでとう ございます。 새해 복 많이 받으세요.

18 피가 끓다

ち ち ち

🔵발🔵음 도쿄 동쪽에는 千葉라는 지역이 있습니다. 이 千葉치바를 '찌바'로 읽는 분들이 계십니다. 우리말 발음으로 '지'라고 해도 일본 사람들은 ち치라고 적는 판에, '찌'라고 읽으면 곤란합니다. ちば를 '찌바'로 읽으면 저는 로봇 찌빠가 생각납니다. ち가 앞에 오면 '치'로, 뒤에 나오면 '찌'로 읽는 편이 좋습니다.

피는 치

ち는 글자 자체로 血을 뜻합니다. 血는 바로 '피'죠? '앗, 피가 난다' 하면 あっ、血が 出る 앗. 치가 데루라고 표현합니다. 出る데루는 '~나오다'라는 뜻의 동사입니다. 살다 보면 피가 끓는 경우가 있죠. 자기가 하고 싶었던 것을 할 때, 어떤 격렬한 감정에 휩싸였을 때 '피가 끓다'라는 표현을 합니다. 이것을 일본어로 말해보면 血が 騒ぐ치가 사와구라고 합니다. 騒ぐ는 '소란스럽다', '시끄럽다', '난리 났다' 이럴 때 씁니다만, '피가 난리 났다'는 것은 '피가 끓다'는 것이겠죠.

꼬마야 안녕?

〈ちび まるこ ちゃん치비 마루코 챵〉. 일본에서 꽤 인기를 끌고 있는 만화이죠. 마루코 챵은 이 만화의 주인공인 여자 아이인데, 그 앞에 ちび치비가 붙었습니다. 왜일까요? ちび는 '꼬마', '키 작은 사람'을 뜻합니다. 따라서 ちび まるこ ちゃん은 '꼬마

▲ ちびまるこちゃん 치비 마루코 쨩

마루코 쨩이 되겠네요.

아이들을 부르는 애칭으로 쓰이는 ちゃん도 ち로 시작하는군요. ちゃん^쨩은 '얼 쨩' 할 때의 '쨩'과는 다릅니다. さん^상 대신에 귀엽게 붙이는 거죠.

めい ちゃん 메이 쨩

さつき ちゃん 사츠키 쨩

주로 편한 사이에서 윗사람이 아랫사람에게 쓰는 표현입니다. 윗사람에게 이런 표현을 쓰면 곤란합니다.

치라시를 돌리다

요즘에는 '전단지'라는 말로 쓰이지만, 예전에는 종이인쇄물을 '찌라시'라고 많이 했습니다. '찌라시'는 '흩뿌리다'라는 뜻의 동사 散らす^{치라스}가 명사로 바뀌어 ちらし^{치라시}가 된 것입니다. 따라서 '치라시'는 '뿌리는 것'이 되겠죠. 전단지를 열심히 뿌리잖습니까? '치라시'는 보통 가타카나 표기인 チラシ로 많이 적습니다. '치라시를 돌리다'라는 표현은 チラシを くばる^{치라시오 쿠바루}라고 합니다. 配る^{쿠바루}는 '돌리다'라는

▲ 馬場ちゃん^{바바창}. 가게 이름입니다.

뜻의 동사입니다. 그런데 '치라시'는 단순히 인쇄물만을 말하지 않습니다. 여러 가지 사시미를 섞어서 뿌려 주는 회덮밥도 ちらし라고 합니다.

축생이 욕이라고요?

한국 사람은 뭔가 잘 안 풀릴 때 욕을 시원하게 잘하죠? '에이씨~ XX!' 이렇게 말이죠. 그럼 일본 사람이 뭔가 안 풀릴 때 하는 욕은 뭘까요. 바로 畜生(축생)입니다. 허허. 무슨 선문답 같죠? 인간계와 축생계를 왔다 갔다 하는 이야기가 아니고, 이 말이 일본에서는 동물을 뜻하는 축생이 아니라 이 새끼, 저 새끼 하는 '새끼'의 뜻입니다.

특히 분할 때 이 말을 쓰는데, 일본어로 발음해 보면 ちくしょう^{치쿠쇼우}라고 합니다. 물론 아무데서나 쓰면 안 되겠죠. 길 가던 누군가가 갑자기 畜生라는 말을 듣게 된다면 싸움이라도 한바탕 벌어질 수 있으니까요.

ちが さわぐ。 피가 끓다.

血 피   ちび 꼬마   ~ちゃん 친한 친구나 아이들에게 붙이는 애칭
散らす 흩뿌리다   散らし 전단지
畜生 욕의 한 표현(젠장)   騒ぐ 소란스럽다

19 나는 선생이었다?

발음 한국인에게 문제 발음 1호입니다. 이 つ는 일본인들이 한국 사람이 발음이 안 된다고 놀리는 대표 선수죠. 일본어는 모음으로 주로 끝나기 때문에 발음이 부족해서 이 つ 하나를 가지고 다양한 받침 효과를 내므로 아주 잘 알아둬야 하는 단어입니다.

つ 발음은 우리말에는 없는 발음입니다. 일본인들은 tsu라고 표기하지만, 미국인들이 하는 tsu는 일본인들이 하는 つ와 다릅니다. 메이저리그에서 활약하고 있는 まつい(松井) 선수를 영어로 표기하면 Matsui입니다만, 언젠가 뉴스에서 미국인들이 Matsui를 연호하는 것을 보니 '맛쓰이'라고 하더군요. 즉, 영어로 표기된 つ 발음은 일본어 실제 발음과 다르다는 뜻입니다.

이건 테이프를 들으시거나, 일본 드라마, 애니메이션을 보고 파악하는 수밖에 없는데, 분명한 것은 우리말에 대응하는 '쓰'나 '쯔'는 아닙니다. 일반적으로는 혀가 윗니 뒤쪽에 붙으면서 '츠' 비슷하게 납니다. 일본인들의 음성을 잘 들으면서 연습하시되 되도록이면 '츄'는 피하세요. 그러나 편의상 앞에 오면 '츠', 뒤에 오면 '쯔'로 하겠습니다. '강하다'는 뜻의 つよい^{츠요이}는 앞에 오는 경우이고, 야구선수 まつい^{마쯔이}는 뒤에 오는 경우입니다.

한국은 냉면, 일본은 츠케멩

일본은 라면의 나라입니다. 어느 곳을 가도 라면집은 꼭 있죠. 그러나 더운 여름에 땀 뻘뻘 흘리며 라면을 먹을 수는 없죠. 그런 사람들을 위해 시원한 면을 만들어서 つ

ゆ^{츠유}라고 하는 간장 소스에 찍어먹는 음식이 있습니다. 바로 つけめん^{츠케멩}입니다. つけ麺의 つけ는 무엇인가를 묻힌다는 뜻으로 간장 소스에 묻혀서 먹는 시원한 면이라는 뜻입니다.

쓰나미? 츠나미?

요즘 지구촌에서 지진이 많이 일어나죠. 지진이 일어난 뒤에는 더 무서운 일이 일어납니다. 바로 해일이죠. 이걸 '쓰나미'라고 합니다. 이 '쓰나미'라는 말이 일본어라는 것은 알고 계시죠? 일본어로 한 번 써볼까요. つなみ입니다. 우리말로 표기하면 '쓰나미'이지만, 이렇게 일본 사람에게 말하면 아무도 못 알아듣습니다. 차라리 '츠나미'나 '쯔나미'로 이야기하는 게 더 낫습니다.

한 달에 얼마에요?

밤의 여신은 누굴까요? 바로 '달님'이죠. 이 달을 つき^{츠키}라고 합니다. 봄맞이 꽃구경 놀이를 일본어로 花見^{하나미}라고 하는데, 달구경은 月見^{츠키미}라고 합니다.

일본은 집을 구할 때는 월세밖에 없으므로, '한 달에 얼마인가요?'라고 물으려면 一^{히토}

月 いくらですか 히토츠키 이쿠라데스카 라고 하면 됩니다. '한 달'은 一月, '얼마'는 いくら, '입니까'는 ですか입니다.

나는 선생이었다? っ로 배우는 일본어 표현

つ가 졸아들면 작은 っ가 됩니다! 이 작은 っ의 특징을 말씀드릴 것 같으면 모음 중심인 일본어에서 받침 'ㅅ'으로 쓰인다는 점입니다. '술잔 입빠이 채워라' 할 때의 '입빠이'를 한 번 써보겠습니다. いっぱい 잇ㅅ파이입니다. 일본어로는 나란히 쓰고 있지만, 실제 발음은 받침 역할을 해서 '잇파이'가 되겠습니다.

그렇다면 다음 문장은 어떻게 읽을까요? だった。だ는 '다', た는 '타', 가운데 작은 っ가 있으므로 받침 역할을 해서 발음은 '닷따'가 됩니다. 명사 + だった라고 쓰면, 우리말로 '~였다'인 과거를 뜻합니다. '였다'와 '닷따', 서로 비슷하죠?

私は 先生だ 와타시와 센세-다 하면 '나는 선생이다'는 현재형입니다. 私は 先生だった 와타시와 센세-닷따 하면 '나는 선생이었다'라는 과거형입니다. 先生 센세-는 그 자체에 '선생님'이라는 존경의 뜻이 담겨 있습니다. 따라서 이름 뒤에 그냥 先生만 붙입니다. 예를 들어 야마다 선생님을 부를 때는 그냥 '야마다 센세-'라고 하면 됩니다.

私は 先生だった。 나는 선생이었다.

強い 강하다 津波 쓰나미, 해일 月 달
一月 한 달 月見 달구경 いくら 얼마
先生 선생님 ~だった。 ~였다.

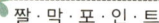

일본어 받침 발음은 시시각각 변합니다. 일본어의 받침은 작은 っ와 ん 단 두 개로써, 이 중에서 작은 っ는 그 위치에 따라 발음이 달라집니다.

つ가 중요한 이유는 모음으로 대부분 끝나는 일본어에서 ん과 함께 받침 노릇을 하기 때문인데, 이 つ는 뒤에 오는 글자에 따라 발음이 달라집니다. 여기서는 つ에 대해서만 알아보겠습니다. ん은 ん 코너에서 합니다.

1. 'ㅂ'으로 발음되는 경우 : 뒤에 오는 글자가 ぱ(파), ぽ(포) 등 p 발음이 올 때
   ろっぽんぎ(六本木). 한국의 이태원처럼 외국인이 많이 모인다는 롯폰기! 한글로 분석해보면 '로 + ㅂ + 포 + ㅇ + 기' 이렇게 되는데, 영어로 치면 roppongi가 됩니다. 작은 っ는 '로' 다음의 'ㅂ' 받침으로 쓰입니다.
   '가득하다' 또는 '한 잔'을 뜻하는 いっぱい도 실은 '잇파이'가 아니라 '입파이(ippai)'가 맞는 발음입니다.

2. 'ㅅ'으로 발음되는 경우 : 뒤에 오는 글자가 し(시), さ(사) 등 s 발음이 올 때
   '깨끗이' 또는 '간단히'를 뜻하는 あっさり는 '앗사리(assari)'로 발음합니다.
   '한 살'을 뜻하는 いっさい(一歲)도 '잇사이(issai)'로 발음하죠.

3. 'ㄱ'으로 발음되는 경우 : 뒤에 오는 글자가 か(카), け(케) 등 k 발음이 올 때
   '출혈'을 뜻하는 しゅっけつ(出血)는 '슉케츠(syukketsu)'로 발음합니다.

⑳ 정식 부탁합니다

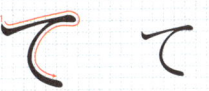

🔊 **발음** 이 て도 앞으로 오면 '테', 뒤에 오면 '떼'입니다. 手紙테가미는 편지, 相手아이떼는 상대라는 뜻입니다.

화장실은 손 씻는 곳?

て는 그 자체로 뜻이 있습니다. 바로 手입니다. 手는 음으로는 しゅ슈라고 읽지만, 일상에서는 훈으로 읽는 방식인 て테로 더 많이 읽습니다. 일본에서는 화장실을 おてあらい오테아라이라고 합니다. 왜 그럴까요? 아래 사진을 보면 아시겠지만, て(手)를 씻는 곳이니까요. 洗う아라우는 '씻다'라는 뜻의 동사이고, 洗い아라이는 '씻기' 또는 '씻는 곳'이라는 명사입니다.

일본에 놀러 가서 화장실은 가고 싶은데 おてあらい가 생각이 안 난다면 영어의 toilet과 발음이 비슷한 トイレ토이레라고 하시면 됩니다. トイレはどこですか。토이레와 도코데스카. '화장실은 어딘가요?'라는 뜻입니다. '어디'를 뜻하는 どこ는 앞에서 배웠죠?

◀ お手洗い 오테아라이 화장실

정식 부탁합니다

일본에 여행 가서 세트 메뉴로 그럭저럭 먹을 수 있는 식사가 뭐가 있을까요. 잘 모르실 때는 오른쪽 사진을 참고하세요. 정식입니다.

정식(定食)을 시키면 국하고 적긴 하지만 반찬이 딸려 나옵니다. 이런 정식을 일본어로 ていしょく ^{테이쇼쿠}라고 합니다. 이 정식을 시키면 한국 사람이 좋아하는 국물하고 간단한 반찬도 나오니까 반드시 암기!

그렇다면 식당에 가서 막상 '정식 부탁합니다'라고 이야기하려면 뭐라고 해야 할까요. 정식은 앞에서 배웠듯이 ていしょく, 그렇다면 '부탁합니다'만 알면 되겠죠. '부탁합니다'는 おねがいします ^{오네가이시마스}라고 합니다.

일본 인사말로 '잘 부탁합니다'라고 할 때 よろしく おねがいします ^{요로시쿠 오네가이시마스}라고 한다는 거 혹시 들어보신 적 있으신가요. 여기서 '잘'은 よろしく, '부탁합니다'는 おねがいします로 나뉘어집니다. 따라서 '정식 부탁합니다'는 定食おねがいします ^{테이쇼쿠 오네가이시마스}가 되겠죠.

定食 おねがいします。 정식 부탁합니다.

手 손   手紙 편지   相手 상대
お手洗い 화장실   定食 정식

21 멈춰라

🔵 **발음** 앞에 오면 '토', 뒤에 오면 '또'에 가깝습니다. 年토시는 나이, 人히또는 사람을 뜻합니다. 伊藤博文이또우 히로부미. 이등박문으로도 알려졌죠? 일본 총리이자 초대 한국통감으로 안중근 의사에게 저격당한 바로 그 사람입니다.

걸쭉한 일본 라면, 돼지뼈 라면

돼지뼈 라면? 일본 라면 중에서 돼지뼈를 푹 고아서 국물을 내는 라면이 있습니다. 이름하여 통코츠 라멩. 그런데 왜 통코츠일까요. 그건 바로 돼지 돈(豚)을 일본어로는 とん통이라고 하고, 뼈는 骨코츠라고 부르기 때문입니다. 이 라면은 후쿠오카에서 만들어져서 도쿄로 진출한 라면으로 약간 느끼하긴 하지만 좋아하는 사람은 많이 좋아합니다.

◀ 통코츠 라면을 선전하는 안내판

닭꼬치구이는 뭐라 할까?

다음 사진을 봅시다. 일본 동네에서 흔히 볼 수 있는 포장마차인데요. やきとり라는 초롱불을 달고 있습니다.

일본어를 읽어보면 やきとり 야키토리입니다. 야키? 어디서 많이 들어보았죠. 앞에서 たこやき 타코야키, たいやき 타이야키 배운 적 있죠. 그때 やき는 '구이'라고 배웠을 겁니다. 그렇다면 とり만 알면 됩니다. とり는 뭘까요. 한자로 써보면 鳥입니다. 아하, '새'군요. 헛, 그럼 일본 사람들은 아무 새나 막 구워먹는다는 말? 그렇지 않죠. 실은 이건 닭꼬치구이입니다. 그럼 とり를 닭으로도 부르느냐? 그렇습니다. 닭은 보통 鶏 니와토리라고 합니다. 庭 니와가 정원이니까, 정원에는 노는 새, 즉 닭이라는 뜻이죠. 그러나 닭꼬치구이라고 할 때는 庭를 안 넣고 그냥 鳥라고 합니다. 焼き鳥는 '새구이'가 아니라 '닭꼬치구이'라는 거 잊지 마세요.

멈춰라!

사진 한 장을 또 볼까요.

일본 거리 어디를 가도 도로 바닥에서 쉽게 볼 수 있는 글자입니다. 정지선 앞에 쓰여 있는 걸 보면 무슨 뜻인지 한눈에 아시겠죠? とまれ는 '멈춰라'라는 뜻의 명령어입니다. '멈추다'라는 동사 止まる 토마루에서 왔습니다.

とまれ。 멈춰라.

豚骨 돈코츠 돼지뼈 止まれ 토마레 멈춰라
鳥 토리 새, 닭 焼き鳥 야키토리 닭꼬치구이

たちつてと 정리

다음 ( )에 들어갈 히라가나를 적어서 전체 단어를 완성한 후 음도 옆에 적으시오.

01	도미	( )い
02	문어풀빵	( )こやき
03	피	( )
04	치라시	( )らし
05	달	( )き
06	해일	( )なみ
07	정식	( )いしょく
08	화장실	お( )あらい
09	멈춰라	( )まれ
10	닭꼬치구이	やき( )り

정답

❶ (た)い 타이 ❷ (た)こやき 타코야키 ❸ (ち)치 ❹ (ち)らし 치라시 ❺ (つ)き 츠키 ❻ (つ)なみ 츠나미
❼ (て)いしょく 테이쇼쿠 ❽ お(て)あらい 오테아라이 ❾ (と)まれ 토마레 ❿ やき(と)り 야키토리

짤·막·포·인·트

일본어 한자 읽는 법 : 일본어의 음과 훈

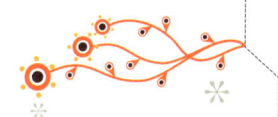

  手를 て^테로 읽을 때가 있고, しゅ^슈로 읽을 때가 있다고 했습니다. 우리말의 수술에 해당하는 일본어 手術은 しゅじゅつ^{슈쥬츠}로 읽습니다. 이렇듯 소리 나는 대로 읽는 것을 음독(音讀), 반대로 뜻으로 읽는 것을 훈독(訓讀)이라고 합니다. 우리말에는 없는 한자 읽기 법입니다. 우리말은 오직 음독만 있지요. 그러나 음독과 훈독을 이해하기는 어렵지 않습니다. 人이라는 한자를 우리는 '인'으로만 읽지 '사람'으로 읽지는 않지만 人이라는 한자를 '사람'으로 받아들이는 경우는 아주 흔합니다.

  일본어는 人을 じん^징으로 읽기도 하고, ひと^{히토}로 읽기도 합니다. 인생은 人生^{진세이}입니다. 그렇지만 '저 사람'은 あの 人^{아노 히토}라고 읽습니다. 어떨 때 음으로 읽고 어떨 때 훈으로 읽을지는 단어에 따라 다릅니다. 보통은 한자 한 자로만 되어 있을 때는 훈으로 읽고, 두 자 이상의 한자가 결합된 단어일 때는 음으로 읽습니다.

  그러나 반드시 그런 것만은 아닙니다. 예를 들어볼까요. 우리말의 어른(성인)에 해당하는 일본어는 大人입니다. 그렇다면 이 大人을 어떻게 읽을까요? 한자가 두 자 이상 결합되어 있으므로 だいじん^{다이징}으로 읽어야 할까요? 아닙니다. おとな^{오토나}로 읽습니다. だいじん(大臣)은 우리의 장관에 해당하는 정부 관료 직함입니다.

  이렇듯 일본어 한자는 쓰는 경우에 따라 그때그때 외워야 하는 문제이니, 지금은 그냥 이렇다는 것만 알고 넘어가면 되겠습니다.

문화코드 4

'토마레'로 알아보는 일본의 교통문화

일본 골목을 걷다 보면 止まれ라는 표시를 쉽게 볼 수 있습니다. 止まれ는 멈추라는 뜻입니다. 작은 골목이라도 분기점에 이르거나, 큰 도로가 나오는 곳은 반드시 이 글자가 바닥에 적혀 있죠. 재미난 점은 아무도 보지 않을 것 같은 골목에서 이 표시를 운전자가 그냥 무시한 채 속도를 내고 지나갔다가 적발되면 벌금을 물게 된다는 것입니다. 그래서 일본 운전자들은 반드시 止まれ가 적혀 있는 곳에 가면 차를 한 번 세웠다가 주위를 둘러보고 다시 가속 페달을 밟습니다.

이런 버릇 때문인지 일본 운전자들은 신호를 잘 지킵니다. 보통 신호등에 빨간 불이 들어오면 낮은 당연하거니와 밤에도 차를 세웁니다. 심야에 종종 퇴근한 적이 있는 저는 아무도 지나가지 않는 횡단보도라도 빨간 불이 켜져 있으면 차들이 지나가지 않고 멈추는 것을 몇 번이고 본 적이 있습니다. 이것은 신호가 바뀌면 일단 지켜야 된다는 일상의 습관에서 비롯된 것이죠.

이런 운전 습관으로 인해 골목에서 도로의 반대편 차선으로 들어가야 할 때도 자연스럽게 양보를 받을 수 있습니다. 굳이 틈을 봐서 억지로 밀어 넣지 않아도 상대편이 이쪽 사정을 보고 알아서 손짓을 해주거나 간격을 벌려주지요. 그렇기 때문에 교차로에서 서로 먼저 가겠다고 하는 꼬리 물기 현상은 좀처럼 일어나지 않습니다. 뒷 차량이 앞 차량과의 간격을 생각하고 신호를 본 뒤, 어차피 따라붙어봤자 길을 막을 게 뻔한 상황이라면 횡단보도 앞에서 더 이상 차를 전진시키지 않습니다. 큰 도로라 해 봤자 2차선이 대부분인 일본에서 차가 교차로에서 얽히고설키는 모습은 좀체 보기 어렵습니다.

    일본은 도쿄 도심이라고 하더라도 자그마한 골목이 이리저리 연결되어 있어 걷거나 조깅하는 사람을 쉽게 만날 수 있습니다. 이런 주행·보행자는 도로를 건널 때처럼 인도에서도 우선적으로 대우를 받는 것 같지만, 꼭 그런 것만은 아닙니다. 바로 자전거 때문입니다. 일본에서 자전거는 차량과 달리 인도를 이용해서 달리기 때문에 늘 '찌링찌링' 소리를 내며 보행자에게 비켜주기를 요구합니다.

    일본에 처음 왔을 때 어디든 쉽게 자전거로 이동할 수 있는 자전거 문화가 부러웠지만, 한편으로는 그것이 인도에서 나란히 친구와 걸을 수 있는 권리를 빼앗기도 한다는 것을 나중에 알게 됐습니다. 좁은 차선 만큼이나 좁은 인도가 많은 일본에서는 친구나 동료와 수다를 나누더라도 나란히 걸어가기가 쉽지 않습니다. 뒤에서 달려오는 자전거의 통행을 방해하기 때문이죠. 만약 자전거가 지나가야 하는데 보행자가 비키지 않거나 보행자가 그 상황을 인지하지 못했다면 사과는 누가 해야 할까요? 보통은 보행자가 합니다. 보행자는 자전거 통행을 방해하지 않아야 한다는 암묵적인 공감대가 형성되어 있기 때문이죠.

    그래서 어느새 부턴가 누구와 같이 길을 걷다가 무슨 소리만 나면 뒤를 돌아보는 습관이 생겼습니다. 혹시 자전거가 오는 게 아닐까. 꼭 찌링찌링 울리지 않는다 하더라도 말이죠. 그리고 보면 골목마다 적혀 있는 止まれ는 자전거에만 적용되지는 않는 듯합니다. 한국처럼 오토바이나 자동차가 인도를 침범하지는 않지만 자전거가 신경 쓰이는 것은 사실입니다.

    이런 불편한 점이 있지만, 자전거를 탈 수 있는 환경이 없는 것보다는 훨씬 낫다는 것은 두말하면 잔소리입니다. 일본 인구 한 명 당 거의 한 대 꼴로 있다는 자전거를 없애면, 자전거를 타고 장을 보러 가고, 아이를 자전거에 태워 보육원(어린이집)에 보내는 주부들과 가까운 전철역까지 자전거로 출근하는 샐러리맨들이 가만있지 않을 테니까요.

22 이름이 무엇입니까?

발음 우리말 '나'와 같습니다.

왜? なぜ? why?

なで 시작하는 대표적인 단어로는 なぜ^{나제}라는 말이 있습니다. なぜ는 '왜'라는 뜻의 단어로, '왜요?'라고 묻고 싶다면 이렇게 쓰면 됩니다.

なぜですか。 나제데스카. 왜요?

それはなぜですか。 소레와 나제데스카. 그건 왜요?

▼ なぜだ 나제다? 왜인가? 여기서 だ는 '왜' 뒤에 붙어서 '~인가'라며 물음의 의미로 쓰였습니다.

일본 청국장은 낫토?

이건 뭘까요? 콩을 발효시켜 만든 대표적인 일본 음식인데요. 한국에 청국장이 있다면 일본에는 納豆낫토우가 있습니다. な는 '나', 작은 っ는 받침 'ㅅ', と는 바로 앞에서 배웠죠? '토'! 따라서 낫토우! 일본 사람도 이걸 좋아하는 사람은 좋아하지만, 못 먹는 사람도 있습니다. 한국 사람도 청국장을 모두 다 좋아하는 것은 아니듯이 말이죠. 아침 식사로 定食테이쇼쿠를 시키면 같이 나오기도 합니다.

배가 고프다

'나카무라'라는 일본 사람 이름은 한국 사람도 많이 들어봤을 겁니다. 유명한 축구 선수이기도 하죠. 일본에서 한국인 하면 きむ키무/金라는 성이 가장 잘 알려져 있듯이, 한국에 가장 잘 알려진 일본 이름 중 하나이기도 합니다. 한자로 표기해보면 中村나카무라, '가운데 마을'이라는 뜻입니다. 그런데 왜 성(姓)이 '가운데 마을'이죠? 일본은 메이지 유신 전까지 백성들은 성을 가질 수 없었습니다. 그런데 메이지 유신 이후 신정부는 백성들에게 성을 만들어서 호적 신고를 하라는 명을 내렸고, 없는 성을 갑자기 만들려고 하다 보니 동네 뒷산, 앞산, 마을, 밭 등이 모두 동원되었는데, 나카무라도 그중 하나인 것이죠. 여기서 가운데를 뜻하는 中은 뜻으로 읽으면 なか나카라고 읽습니다.

이 なか는 사람 '배'를 뜻하기도 하는데, 사람 배가 몸 한가운데 있으니 おなか오나카라고 하고 한자로는 お腹로 씁니다. 따라서 '아, 배고파'는 お腹が 空いた오나카가 스이타라고 합니다. 空いた스이타는 '속이 비다' 또는 '공복이 되다'는 뜻의 동사 空く스쿠에서 왔습니다.

생맥주 한 잔 주세요

일본 생맥주는 톡 쏘는 맛이 살아있는데 보통 한 잔에 500엔입니다. 우리 돈으로 6,000원 정도 하니까 비싸죠. 맥주는 일본어로 ビール^{비-루}라고 합니다. beer를 일본식으로 늘인 겁니다.

다음 사진을 볼까요.

생맥주 280엔이라는 말입니다. 이 가게는 싼 편입니다. 이 生ビール는 어떻게 읽을까요. 여기서 生은 なま^{나마}로 읽습니다. 그래서 生ビール^{나마비-루}라고 합니다. 일본 음식점 가서 생맥주 한 잔을 시키고 싶다면 다음과 같이 하시면 됩니다.

生ビール ひとつ おねがいします。^{나마비-루 히토츠 오네가이시마스} ひとつ^{히토츠}는 '하나'라는 뜻입니다. おねがいします^{오네가이시마스}, 이거 定食^{테이쇼쿠}할 때 배웠죠? '부탁합니다'란 뜻이죠.

さしみ를 좋아하는 것만 봐도 알 수 있듯이 일본 사람은 生^{なま}를 참 좋아합니다. 한

국에서는 노래를 부르거나 목이 칼칼할 때 먹는 경우를 제외하면 달걀을 生^{나마}로는 안 먹는데, 일본인들은 牛丼^{규동}을 먹는데도 날달걀을 얹어서 먹거나 밥을 다 먹고 후루룩 마십니다. 그래서 생중계도 生中継^{나마츄우케이}라고 읽죠.

이름이 무엇입니까?

모르는 사람이 처음 만나면 상대의 이름을 알고 싶어 합니다. 이름을 일본어로 名前^{나마에}라고 합니다. 그러면 이렇게 물어볼 수 있겠죠? 名前は?^{나마에와?} 이름은?

그런데 이렇게 말하면 조금 무례한 느낌이 듭니다. 제대로 말하려면 '무엇입니까'를 붙여서 '이름이 무엇입니까'라고 물어야 할 것입니다. 보통 '무엇'은 なに^{나니}를 쓰는데, '무엇입니까'는 なんですか^{난데스카}라고 하면 됩니다.

또한, 보통 상대의 이름을 물어볼 때는 お를 붙여서 お名前라고 정중하게 말해야 합니다. 따라서 '이름(성함)이 무엇입니까'라는 표현은 お名前はなんですか^{오나마에와 난데스카}라고 하면 되겠죠.

반대로, 아이들에게는 친근하게 '이름이 뭐니?' 이렇게 물어도 됩니다.

なまえは？ ^{나마에와} 이름은?

なまえはなに？ ^{나마에와 나니?} 이름은 뭐니?

お名前は なんですか。 이름(성함)이 무엇입니까?

納豆^{낫토우} 콩으로 만든 일본 발효 음식　名前^{나마에} 이름
中^{나카} 가운데　お腹^{오나카} 배　生ビール^{나마} 생맥주　生中継^{나마츄우케이} 생중계

23 집으로 돌아갑시다

🔊 **발음** 우리말 '니'와 똑같습니다.

아~, 고기 먹고 싶다

ああああ、肉 食べたい。 아아아아. 니쿠 타베타이. 이게 무슨 뜻일까요. ああああ는 '아아아아'이고, 肉는 '고기'입니다. 그렇다면 食べたい는? 앞서 おでん 시간에 배웠는데 '먹고 싶다'는 뜻이죠. '아~, 고기 먹고 싶다'는 말입니다. 점심을 간단한 음식으로 때우는 일본인들로서는 저녁식사를 풍족하게 하고 싶은 마음이 굴뚝같죠. 그때 가끔 내뱉는 말입니다.

に로 시작하는 일본어 단어를 몇 개만 찾아보겠습니다. 毎日 마이니치, 일본 마이니치신문사의 바로 그 '마이니치'입니다. '매일'이라는 뜻입니다. 이렇게 日은 にち로 읽습니다. 따라서 일요일은? 日曜日 니치요우비가 되겠습니다.

に로 시작하는 단어, 방긋방긋

다음 사진은 일본에서 흔히 볼 수 있는 선술집 간판입니다. 이런 선술집을 '이자카야'라고 합니다. にこにこ 니코니코는 방긋방긋 웃는 모습을 나타내고, 屋야는 집을 의미합니다. 즉, 술집 이름이 '니코니코야'입니다. 우리말로 바꿔보면 '방긋방긋집'이 되

▲ にこにこ屋니코니코야. 술, 안주 등 모든 메뉴 가격이 250엔으로 균일하다고 홍보하고 있습니다.

겠네요. 참고로, 현재 일본 최대의 동영상 사이트는 ニコニコ動画니코니코도우가인데, 여기도 にこにこ 가 가타카나로 쓰였습니다.

집으로 돌아갑시다

일본에서는 매일 오후 5시만 되면 구청에서 다음과 같은 방송을 내보냅니다.

午後 五時になりました。 고고 고지니 나리마시타.
外で 遊んでいる お子さんたちは 소토데 아손데이루 오코상타치와
お家に 帰りましょう。 오우치니 카에리마쇼우.

해석해 보면 다음과 같습니다.

오후 다섯 시가 되었습니다.
밖에서 놀고 있는 아이들은
집으로 돌아갑시다.

평범한 문장인데, 여기서 に가 들어가는 주요 문법 두 개를 뽑을 수 있습니다.

1. 午後 五時になりました。 _{고고 고지니 나리마시타.} 오후 다섯 시가 되었습니다.
~になりました는 '~이 되었습니다'라는 뜻입니다. '~になる _{니나루}'는 '~이 되다.'

2. お家に帰りましょう。 _{오우치니 카에리마쇼우.} 집으로 돌아갑시다.
お家に에서 に는 장소 '~에'를 나타내는 조사입니다. 직역하면 '집에 돌아갑시다'입니다만, 보다 자연스러운 우리말은 '집으로 돌아갑시다'입니다. 여기서 문법 포인트! に는 '~에'라는 것!

お家に 帰りましょう。 집으로 돌아갑시다.

肉 고기 日本 일본 毎日 매일 ~に ~에
にこにこ 방긋방긋

 # 동물인형은 인형이 아니다

발음 발음은 '누'입니다.

신발을 벗으세요

ぬ로 시작하는 단어로는 ぬぐ ^{누구}가 있습니다. 脱ぐ는 '벗다'라는 뜻입니다. 일본 식당이나 온천 등에 들어갈 때 입구에서 다음과 같은 문구를 자주 볼 수 있습니다. 靴を 脱いで ください。 쿠츠오 누이데 쿠다사이. 靴 쿠츠는 신발입니다. 따라서 '신발을 벗으세요'라는 말이 되겠습니다.

오늘 저녁밥은 없다

ぬ로 가장 많이 쓰이는 단어는 단연 ぬく ^{누쿠/뽑다}입니다. 한자를 넣어서 쓰면 抜く, '칼을 뽑다'는 刀を 抜く 카타나오 누쿠가 됩니다. 刀 카타나는 칼입니다. 만약 刀が 抜ける 카타나가 누케루 하면 '칼이 빠지다'라는 뜻입니다. 抜ける 누케루는 자동사로 '빠지다'라는 뜻입니다. 우리말과 같이 일본어도 자동사와 타동사의 구별이 있습니다. 중국어에 비해 구별이 뚜렷합니다. 한국인이 다른 나라 사람에 비해 일본어를 비교적 수월하게 배우는 이유입니다.

ぬく의 명사형은 ぬき인데, 이 단어로 상대를 약 올릴 수 있습니다. 今日は めしぬきだ。 쿄우와 메시누키다. 今日는 '오늘', めし는 '밥', ぬき는 '빼기'이므로, '오늘 식사는 없다'는 뜻이 됩니다. 따라서 다음 사진도 이해가 갈 겁니다.

▲ 汗ぬき クリーニング 아세누키 크리닝구
あせ는 땀, ぬき는 빼기, クリーニング는 세탁. 즉, 특수 세탁으로 땀을 빼준다는 뜻입니다.

동물인형은 인형이 아니다

다음 사진을 봅시다. 일본의 유명한 웹사이트 2ch(www.2ch.net)의 캐릭터 のまねこ 노마네코 인형입니다. 인형이라는 한자를 한 번 찾아볼까요. 人形, 사람의 모양이라는 뜻이죠. 이 人形을 일

본어로는 にんぎょう 닝교우라고 읽습니다. 그런데 일본에서는 사람 모양이 아닌 것은 人形라고 안 합니다. 그럼 뭐라 그럴까요. ぬいぐるみ 누이구루미라고 합니다. 무슨 뜻? 한자로 써보면 縫い包み라고 하는데, 꿰매서 ぬい/누이/縫い 포장한 것 くるみ/쿠루미/包み입니다. 즉, 봉제인형을 말합니다. くるみ는 '포장하다'는 뜻의 동사 くるむ 쿠루무/包む의 명사형인데, 앞서 回転寿司 할 때 すし가 뒤에 오면서 ずし로 바뀌었듯, く가 발음하기 쉽게 ぐ로 바뀌어 ぐるみ 구루미로 쓰였습니다.

▲ ぬいぐるみ 누이구루미

그럼 '동물인형은 인형이 아니다'를 일본어로 말해봅시다. '~이 아니다'라고 말하려면 '명사 + じゃない 쟈나이'라는 표현을 쓰면 됩니다.

학생이다. → 学生だ。 각세-다.
학생이 아니다. → 学生じゃない。 각세-쟈나이.

따라서 'ぬいぐるみは 人形가 아니다'라는 일본어 표현은 ぬいぐるみは 人形じゃない 누이구루미와 닝교우쟈나이라고 쓰면 됩니다.

ぬいぐるみは 人形じゃない。 동물인형은 인형이 아니다.

刀 칼 抜く 뽑다 今日 오늘 飯 밥 靴 신발 脱ぐ 벗다
縫いぐるみ 봉제인형 縫う 꿰매다 くるむ 포장하다

PART 1. 히라가나 **097**

㉕ 고양이 손도 빌리고 싶다

발 음 발음은 '네'입니다. そうですね소우데스네 할 때 한 번 나왔던 적 있죠?

복을 부르는 고양이

다음 사진을 봅시다. 일본 식당이나 가게에 가면 이런 고양이 인형이 많이 있습니다. 이런 인형을 '마네키네코'라고 하는데, 히라가나로는 이렇게 씁니다. まねきねこ

마네키네코. 그런데 손을 들고 있네요. 이 고양이는 왜 손을 들고 있는 걸까요. まねきねこ 라는 말뜻을 알면 그 의문이 풀립니다. 고양이를 뜻하는 ねこ 네코 앞에 붙은 まねき 마네키는 '불러오다'는 뜻의 동사 招く 마네쿠의 명사형입니다. 즉, 무언가를 부르는 손짓을 하는 고양이라는 뜻이죠. 뭘 불러올까요? 당연히 福(복), 幸運(행운)입니다.

まねきねこ와 관련하여 몇 가지 설명을 추가하면, 招き猫의 색이나 손을 들고 있는 자세에 따라 그 의미가 달라집니다. 우선 오른손을 들고 손짓을 하는 것은 '돈이나 재산을 불러들인다'라는 뜻이며, 왼손을 들고 있는 것은 '손님이나 친구를 불러들인다'를 의미한다고 합니다. 또한 흰색 招き猫는 '복을 기원한다'라는 뜻이고, 검은색 招き猫는 '악귀나 병을 막는다'라는 뜻이라고 합니다. 금색 招き猫는 '금전운'을 뜻하고, 은색은 '장수와 번영'을 의미합니다. 빨간색은 '난치병이나 아이들의 질병을 막아준다'라고 합니다. 보통 흔히 볼 수 있는 まねきねこ는 흰색이죠. 복을 바라는 마음은 어디나 똑같죠?

고양이 손도 빌리고 싶다

고양이와 관련된 관용어도 많은데, 그중 재미난 표현 몇 가지를 들면 ねこの手も かりたい가 있습니다. 분석하면 다음과 같습니다.

ねこ	の	手	も	かり	たい。
네코	노	테	모	카리	타이.
고양이	의	손	도	빌리	고 싶다.

무슨 뜻일까요. 누군가의 얼굴에 복수하려고(?) 고양이 발이라도 빌리고 싶은 걸까요. 아니죠. 뜻은 고양이 손이라도 빌리고 싶은 만큼 바쁘다는 것이죠.

ねこ와 관련된 또 하나의 재미난 표현은 바로 ねこじた_{네코지타}라는 말입니다.
고양이의 猫_{네코}와 혀의 舌_{시타}를 합친 말로 '고양이 혀'라는 뜻인데, 이 말은 뜨거운 것을 빨리 못 먹는다는 말입니다.

わたし、ねこじたです。저, 뜨거운 것 빨리 못 먹어요.

이만큼 ねこ는 일본 사람에게 친숙한 동물입니다. 한국에서는 길거리에 사는 고양이를 도둑고양이라고 하지만, 일본에서는 그냥 들고양이라고 합니다. 들고양이는 일본어로 野良猫_{노라네코}.

ねこの 手も かりたい。 고양이 손도 빌리고 싶다.

招き猫 복을 부르는 고양이   ～も ～도
借りたい 빌리고 싶다   野良猫 들고양이

26 그것은 제 것입니다

の

발음 우리말 '노'와 같습니다.

の의 대표적인 뜻은 '~의'

일본은 ははのひ /하하노히, ちちのひ /치치노히로 해서 어머니의 날, 아버지의 날을 따로 기념합니다. ははのひ에서 보듯이 はは가 '어머니', ひ가 '날'이라는 뜻이므로 중간에 오는 の는 '~의'라는 것을 알 수 있습니다. 이외에도 の가 들어간 말을 살펴볼까요.

▶ 父の日 아버지의 날
여기서 の는 ~의

◀ トラの森 토라노모리

　トラ는 호랑이를 뜻하는 虎토라의 가타카나 표기입니다. 강조하기 위해서 쓰였습니다. 森모리는 숲. 즉, 호랑이의 숲! 도쿄 우에노 동물원에 있는 호랑이 우리 입구에 적혀 있는 말입니다.

김밥을 일본어로?

　한국인이 즐겨 먹는 간식은 뭘까요? 떡볶이도 있겠지만 김밥을 빼놓을 수 없죠. 이 김밥을 일본어로 하면 뭘까요? 키무밥뽀? 이건 물론 아니겠죠. 일본에도 우리의 김밥과 같은 음식이 있습니다. 일본어로 김밥, 즉 김말이는 のりまき노리마키라고 합니다. 왜 김말이가 노리마키냐. 海苔노리가 바로 '김'을, 卷き마키는 '말이'를 뜻하기 때문이죠.

　한국 김은 일본 김과 다르게 소금이 칠해져 있고 바삭바삭해서 아주 인기가 좋습니

다. 혹시 일본인을 만나게 되면 이런 질문을 던져도 되겠죠? 韓国の 海苔が 好き
です까. 킹코쿠노 노리가 스키데스카? 참고로, のり는 '김' 외에도 종이를 붙일 때 쓰는 '풀
(糊)'이라는 뜻도 있으므로 주의하시길.

전철 타는 곳은 어디입니까?

일본 여행시 택시, 버스, 전철을 타려면 모두 이 のりば로 가야합니다. のりば는
のり와 ば가 합쳐진 말로, 乗り노리는 타기, 場바는 장소입니다. 즉, '타는 곳'을 말합
니다. 따라서 '버스 타는 곳은 어디입니까'라고 묻고 싶다면 バス のりばは どこで
すか바스 노리바와 도코데스카라고 하면 됩니다.

　* どこ 어디

▼ 요즘 일본 내 주요 간판은 우리말로도 적혀 있습니다. のりば노리바라는 말이 눈에 들어오는군요.

누구 것입니까? の로 알아보는 일본어 표현

우리말 '의'와 일본어 の의 또 다른 차이라면 우리말 '의' 다음에는 반드시 명사나 지시대명사가 와야 하는데, 일본어 の는 그 다음에 오는 것을 생략할 수 있다는 것입니다.

これは だれのですか。 코레 다레노데스카. 이것은 누구의 것입니까?
* だれ 누구
それは わたしのです。 소레와 와타시노데스. 그것은 제 것입니다.

이 문장을 보면 わたしの 뒤에는 もの^{모노/물건}가 생략되어 있습니다. わたしのもの(내 물건)를 줄여서 그냥 わたしの라고 하는 것이죠. 즉, の는 그 자체로 '~의 것'이라는 뜻이 있습니다.

それは わたしのです。 그것은 제 것입니다.

の ~의, ~의 것   のり 김, 풀   海苔巻き(のりまき) 김밥
だれ 누구   のりば 타는 곳

なにぬねの 정리

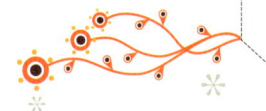

다음 ( )에 들어갈 히라가나를 적어서 전체 단어를 완성한 후 음도 옆에 적으시오.

01	이름	お( )まえ
02	배	お( )か
03	집에	おうち( )
04	고기	( )く
05	봉제인형	( )いぐるみ
06	벗다	( )ぐ
07	고양이	( )こ
08	마네키네코	ま( )きねこ
09	김밥	( )りまき
10	내 것	わたし( )

정답

❶ お(な)まえ 오나마에 ❷ お(な)か 오나카 ❸ おうち(に) 오우치니 ❹ (に)く 니쿠
❺ (ぬ)いぐるみ 누이구루미 ❻ (ぬ)ぐ 누구 ❼ (ね)こ 네코 ❽ ま(ね)きねこ 마네키네코
❾ (の)りまき 노리마키 ❿ わたし(の) 와타시노

문화코드 5

메이지 유신과 이름

　일본어로 이름은 名前라고 합니다. 줄여서 な라고 하기도 하지요. 일본인의 성(姓)은 우리말처럼 한 글자가 아니라 대체로 두 글자라서 일본어를 잘 모르는 사람은 어디까지가 성이고 어디까지가 이름인지 헷갈립니다.
　우리나라 사람이 잘 아는 일본 사람 성을 몇 가지 들어보지요. 메이저리그에서 활약하는 야구 선수 스즈키 이치로. 일반적으로는 '이치로'라고 하지만, 그의 성(姓)인 스즈키(鈴木)는 일본에서 가장 흔한 성 중 하나로 꼽힙니다.
　전란에 휩싸였던 일본을 통일한 '토요토미 히데요시'는 원래 성도 이름도 없었습니다. 하층 농민 출신으로 '원숭이'라 불리던 그는 다이묘(大名) 중에서 가장 두각을 나타내던 오다 노부나가(織田信長) 밑으로 들어갑니다. 그는 그곳에서 오다 노부나가의 총애를 얻어 '기노시타 토키치로'라는 이름을 쓰다가 노부나가 군단의 장수가 되면서 '하시바 히데요시'가 됩니다. 그리고 오다 노부나가가 3분의 1 정도를 통일한 지역을 손에 넣고 마침내 전국을 통일합니다. 이로써 일본의 정치권력은 히데요시 무사 집단으로 완전히 넘어갑니다. 껍데기만 남은 천황의 조정(朝廷)은 히데요시에게 가장 근사한 성인 '토요토미'를 하사해 토요토미 히데요시(豊臣秀吉)라는 이름을 완성하게 되죠.
　토요토미 히데요시를 통해 알 수 있듯이 일본은 메이지 유신 전까지 일반 백성은 성을 가질 수 없었습니다. 오로지 지배 계급인 사무라이만이 가질 수 있었죠. 그런데 근대화를 하다 보니 성이 필요하게 되면서 일률적으로 성을 만들라는 지시가 떨어집니다. 급하게 성을 만들다 보니 일반 백성들은 주위에서 쉽게 볼 수 있는 동네, 나무, 밭, 강 등을 가져다 성을 만듭니다. 나무마을(키무라, 木村), 강 위(카와카미, 川上), 밭 가운데(타나카, 田中), 마을 밭(무라타, 村田) 등의 성이 만들어진 게 바로 이런 연유입니다.

이렇게 만들어진 일본의 성은 총 몇 개나 될까요. 한국이 약 250종임에 비해 일본은 약 30만 종을 헤아립니다. 엄청난 숫자죠. 물론 이렇게 많은 성 중에서 96%는 약 7,000개의 성을 쓴다고 합니다. 그렇다면 일본에서 가장 많은 성 베스트 5는 무엇일까요. 1위는 사토우(佐藤, 약 193만 명), 2위는 스즈키(鈴木, 약 171만 명), 3위는 타카하시(高橋, 약 142만 명), 4위는 타나카(田中, 134만 명), 그리고 5위는 와타나베(渡辺, 약 114만 명)입니다.

사정이 이렇다 보니 신기한 성도 눈에 띕니다. 가장 신기한 성을 고르자면 2010년 5월까지 일본 경제단체연합회(経団連) 회장을 역임한 캐논의 미타라이 후지오 사장을 들 수 있겠습니다. 케이단렌은 우리의 전경련에 해당하는 단체입니다.

미타라이를 한자로 쓰면 御手洗인데, 이 글자는 화장실을 가리키는 お手洗와 같은 글자입니다. 御를 보통 お오 또는 ご고로 읽으니까요. 그렇다면 읽는 방법도 같을까요. 아닙니다. 손을 씻는다는 '테아라이'가 아닌 '미타라이(みたらい)'라고 읽습니다.

이렇게 일본은 메이지 유신을 통해 일반 백성도 성을 가지게 되었는데, 나아가 서양처럼 부부가 동일한 성을 쓰도록 제도로 만듭니다. 즉, 일본인은 결혼을 하면 아내는 아버지가 물려준 성을 버리고 남편의 성을 따라야 합니다. 그래서 가족 구성원은 모두 성이 같습니다. 2009년 자민당에서 민주당으로 정권 교체가 되면서 여성 인권을 생각해 '부부 별성(別姓)'을 채택해야 한다는 논의가 활발했었지만, 2013년 자민당이 다시 정권을 잡음으로써 어떻게 될지는 지켜봐야 할 상황이 되고 말았습니다.

어쨌거나, 저처럼 한국에서 일본으로 건너온 경우는 부부가 성이 다르다 보니 진짜 부부임을 증명하기 위해서는 구청에서 서류를 떼야 하는 번거로움이 있지요.

27 이빨이 아파서 치과에 갑니다

발음 は는 우리말 '하'와 같습니다. 단, 주어가 は 앞에 왔을 때는 '와'로 발음이 바뀝니다. 이 때 は는 주격 조사로 쓰이는 거죠.

치과와 무덤

は는 그 자체로도 뜻이 있습니다. 한자로 한 번 써 볼까요. 歯(は), 바로 이빨입니다. 그럼 치과는 뭘까요. 科를 카라고 읽으니, 歯科는 はか(하카)? 이렇게 일본인 친구에게 이야기 했더니 박장대소하더군요. はか는 묘를 뜻하기 때문이죠. 한자로 墓. 그럼 진짜 '치과'는 뭘까요? 이때는 음으로 歯科(시카)라고 읽습니다. 욱! 제멋대로죠? 그냥 외우는 게 편합니다. 鹿(시카)는 사슴이라는 뜻도 있습니다.

◀ はなやか(하나야카)라는 이름의 꽃집. 華(하나)やか(하나야카)는 또한 '화려한'이라는 뜻도 있습니다.

▲ 하나비(花火)는 꽃(花)이 불(火) 되어서 나타나는 것으로 불꽃, 불꽃놀이가 되겠습니다. 이 하나비나 하나미는 일 년에 딱 한 번 밖에 없는 행사죠. 일본인은 하나미를 하면서 봄이 왔다고 느끼고, 하나비를 하면서 여름을 즐깁니다.

하나미와 하나비

は로 시작하는 단어라면 뭐니 뭐니 해도 꽃입니다. 꽃은 花^{하나}라고 읽습니다.

일본을 대표하는 문화 하면 花見^{하나미}와 花火^{하나비}를 꼽을 수 있습니다. 하나미는 花를 見(보는) 것으로 꽃구경이라는 뜻입니다. 물론 다른 꽃이 아니라 사쿠라, 벚꽃 구경입니다.

は는 '~은/는'이라는 주격 조사로 쓰인다

は는 주격 조사로도 쓰입니다. 이때는 '와'로 발음합니다. わたしはプリンセスです。 _{와타시와 프린세스데스} 저는 공주입니다. プリンセス는 공주(princess).

일본인도 성묘한다

일본인도 8월 15일 전후로 성묘를 합니다. 한국의 추석에 해당하는 お盆休み^{오봉야스미} 기간에 고향으로 내려가기 때문이죠. 이 성묘를 일본어로는 뭐라고 할까요. 바로

▲ 万引きは犯罪だ! 만비키와 한자이다! 만비키는 범죄다! 여기서 は는 주격 조사로 쓰였기 때문에 '와'로 읽습니다. 万引き 만비키는 서점이나 가게에서 물건을 훔치는 것을 말합니다.

앞에서 잠깐 나온 はか를 씁니다. お墓参り 오하카마이리입니다. お墓가 '무덤'이고, 参り가 '참배'이니, '성묘'가 되겠습니다.

마지막으로 이빨과 치과를 정리하는 표현을 배워볼까요. 이빨이 아파서 치과에 갑니다. 이빨은 歯, 아프다는 처음 い 시간에 배웠죠. 痛い。치과는 歯科, '~에'는 に, 마지막으로 '갑니다'만 배우면 되겠네요. '갑니다'는 行きます 이키마스입니다.

그럼 문장을 한 번 쭉 이어볼까요. 歯が痛い。歯科に行きます로 '이빨이 아프다. 치과에 갑니다'가 됩니다. 그런데 이 두 문장을 하나로 이어야겠죠. 이때 쓰는 것이 바로 ので 노데입니다. 이 ので는 '~이므로', '~이기 때문에'라는 뜻입니다. 그럼 다시 연결해 볼까요. 歯が痛いので歯科に行きます。이 ので 하나면 어떤 문장이든 이유를 뜻할 때는 다 연결할 수 있습니다.

歯が 痛いので 歯科に 行きます。이빨이 아파서 치과에 갑니다.

歯 이빨　歯科 치과　花 꽃　墓 묘지　墓参り 성묘
花見 벚꽃 구경　花火 불꽃놀이

28 햇빛도 돈이 필요해

발음 ひ는 우리말 발음 '히'와 같습니다.

일장기는 일본어로 뭐지?

오른쪽 그림을 봅시다. 뭡니까? 일장기죠. '히노마루'라고 합니다. 무슨 뜻일까요. 히라가나로 써봅시다. ひのまる. 한자로 써봅시다. 日の丸. 날의 환? 여기서 日^히는 태양을 뜻합니다. 丸^{마루}는 동그라미, 원을 뜻합니다. の는 '~의'라는 뜻이 아니라 丸^{마루}와 동격입니다. 日の丸란 결국 '태양을 뜻하는 동그라미'란 뜻이죠. ひ가 태양이라면 ひまわり ^{히마와리}는 뭘까요. 回^{마와}り는 '돌다'라는 동사 回^{마와}る ^{마와루}의 명사형으로 '돌기'라는 뜻입니다. ひまわり는 해를 바라보면서 꽃이 고개를 돌린다는 데서 유래한 단어로 '해바라기'가 되겠습니다.

▼ '히마와리'라는 이름의 가게. 간판에 해바라기가 그려져 있습니다.

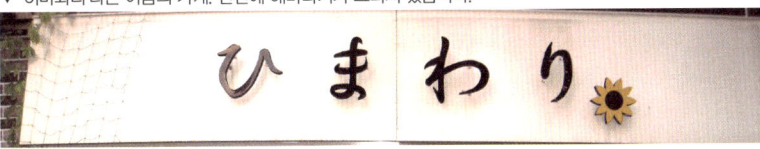

매년 3월 3일은 여자 아이를 위한 풍습이 있다

일본을 대표하는 인형 중에 雛人形 히나닝교우가 있습니다.

여자 아이를 집에 두고 있는 경우 매년 3월 3일에 이 히나인형을 장식해 둡니다. 이 인형을 장식해 두는 이유는, 아이에게 갈 안 좋은 것들(질병이나 재해)을 인형이 대신

액막이한다는 풍습에서 기원되었다고 합니다. 3월쯤 되면 일본 백화점이나 쇼핑몰에서 흔히 볼 수 있습니다. 앞서 봉제인형은 人形 닝교우가 아니라고 했죠? 이 히나인형은 사람 모양이므로 人形입니다. 이렇게 히나인형을 집에 놔두고 지내는 풍습을 ひな祭り 히나마츠리라고 합니다.

호객꾼은 일본어로 뭘까?

한국에서 손님을 끌어오는 역할을 하는 사람을 '삐끼'라고 하는데, 왜 '삐끼'라고 할까요. 일본에서 이런 역할을 하는 사람들을 客引き 카쿠히키라고 합니다. 客는 손님을 뜻하고, 引き는 '끌어오기'를 뜻합니다. 당구칠 때도 '히끼'라는 표현을 쓰죠? 즉, 客引き는 손님 끌어오는 역할을 의미합니다. 따라서 '삐끼'는 이 '히끼'의 발음이 와전되면서 사용되었을 가능성이 큽니다.

引く 히쿠는 '당기다', '끌어오다'란 뜻이 있지만, 숫자에서 셈을 '빼다'란 뜻도 있습니다. 引き算 히키장은 뺄셈을 의미합니다.

햇빛도 돈이 필요해

일본에서 집을 구할 때 중요하게 보는 것이 있습니다. 그것이 무엇이냐. 바로 日当たりの 良い 家 히아타리노 이이 이에입니다. 해석하면 '햇빛이 잘 드는 집'이란 뜻입니다. 日는 태양인데, 当たり는 뭘까요? 우리말 속어에 서로 '아다리'가 맞아야 무슨 일이든 된다는 말이 있습니다. 이게 바로 그 あたり 아타리인데, 当たる 아타루/맞다의 명사형입니다. 햇빛이 잘 맞아떨어지는 집, 즉 '햇빛이 잘 드는 집'을 말합니다.

일본은 집이 다닥다닥 붙어 있어서, 1층의 경우 햇빛이 잘 안 드는 집도 많습니다. 또, 북향처럼 ひあたり가 안 좋으면 그만큼 월세가 싸집니다. 북향은 북쪽을 뜻하는 北 키타와 '향하다'라는

▲ ひかり薬局 히카리약쿄쿠 히카리약국
태양은 日라고 하고, 빛은 光라고 합니다. 우리말로 '빛약국'이 되겠네요.

동사 向く 무쿠의 명사형인 向き 무키가 합쳐져 北向き 키타무키라고 합니다.

제가 예전에 일본에서 집을 구할 때 한정된 예산을 가지고 日当たりの いい 家를 구하려고 정말 노력했으나, 역시 日当たりの いい 家는 비싸고 잘 없었습니다. 어렵게 南向き 미나미무키/남향를 구하긴 했는데, 베란다 앞에 건물이 버티고 있어서 햇빛이 거의 안 들었던 곳에 산 적이 있습니다. 그때 이런 생각을 했습니다.

あ、日当たりにもお金が要る。 아, 히아타리니모 오카네가 이루. 아, 햇빛에도 돈이 필요하구나. にも는 '~에도', お金는 '돈', 要る는 '필요하다'는 뜻입니다.

그때, 하늘에서 공평하게 뿌려주는 햇빛도 돈이 없으면 받을 수 없다는 것을 뼈저리게 느꼈죠.

日当たりにも お金が 要る。 햇빛도 돈이 필요해.

日 태양, 날 日の丸 일장기 ひまわり 해바라기
日当たり 해가 드는 곳 雛人形 인형 引く 끌어당기다, 뺄셈하다
客引き 손님을 호객하는 사람 引き算 뺄셈
お金 돈 要る 필요하다

㉙ 목욕하고 싶다

🔊 **발음** 우리말 '후'와 같습니다. 단, 영어로 표기할 때 차이가 있다면 일본어 ふ는 fu로 표기한다는 점입니다. 후쿠오카(福岡/Fukuoka), 이렇게요. 그러나 안심하세요. 일본어에도 f 발음은 없답니다.

일본의 상징 후지산

ふ로 시작하는 가장 유명한 단어죠. 후지산은 일본의 상징이며, 동시에 일본에서 가장 높은 산이기도 합니다. 맑은 날에는 도쿄에서도 보입니다.

일본어로 숫자 세기

이 ふ는 숫자 2와 관련이 깊습니다. 이참에 숫자 세는 것을 한 번 정리해볼까요.

0	1	2	3	4	5	6	7	8	9	10
れい 또는 ゼロ	いち	に	さん	し 또는 よん	ご	ろく	しち 또는 なな	はち	きゅう 또는 く	じゅう
레이, 제로	이치	니	상	시, 용	고	로쿠	시치, 나나	하치	큐유, 쿠	쥬우

▲ 富士山 후지산

하나	둘	셋	넷	다섯	여섯	일곱	여덟	아홉	열
ひとつ	ふたつ	みっつ	よっつ	いつつ	むっつ	ななつ	やっつ	ここのつ	とお
히토츠	후타츠	밋츠	욧츠	이츠츠	뭇츠	나나츠	얏츠	코코노츠	토오

한 사람	두 사람	세 사람	네 사람	다섯 사람	여섯 사람	일곱 사람	여덟 사람	아홉 사람	열 사람
一人 (ひとり)	二人 (ふたり)	三人 (さんにん)	四人 (よにん)	五人 (ごにん)	六人 (ろくにん)	七人 (しちにん)	八人 (はちにん)	九人 (きゅうにん)	十人 (じゅうにん)
히토리	후타리	산닝	요닝	고닝	로쿠닝	시치닝	하치닝	큐우닝	쥬우닝

사람을 셀 때, 한 사람은 ひとり 두 사람은 ふたり 라고 하며, 세 사람부터는 '숫자 + にん'으로 반복되므로, 단위인 人닝을 잘 외워두시면 됩니다.

목욕을 너무나 좋아하는 일본인

일본인만큼 목욕을 좋아하는 민족도 없을 것입니다. 여기서 목욕은 때를 빡빡 미는 あかすり 아카스리/때밀이가 아니라 그냥 욕조에 몸을 담그고 나오는 것인데, 일본은 날씨가 습하고 온천이 많다 보니 옛부터 하루 일과가 끝나면 욕조에 들어갔다 나오는 습관이 있습니다. 일본에서는 욕조를 お風呂 오후로라고 합니다. ふろ 風呂/후로는 お湯 오유/따뜻한 물가 있는 욕조를 뜻합니다. 風呂 후로에 공손하게 표현할 때 쓰는 お가 붙는 것을 보면 일본 사람들이 욕조에 몸을 담그는 일을 일상으로 한다는 것을 엿볼 수 있습니다.

그래서, 일본어로 '목욕하고 싶다'라고 말할 때는 お風呂に 入りたい 오후로니 하이리타이라고 합니다. 직역하면, '욕조에 들어가고 싶다'입니다. 入る 하이루는 '들어가다'는 뜻의 동사이고, たい 타이는 앞서 배웠듯이 '~하고 싶다'는 뜻입니다. 일본 사람들에게 목욕은 곧 욕조에 들어간다는 것을 의미하는 셈입니다.

お風呂に 入りたい。 목욕하고 싶다(욕조에 들어가고 싶다).

ふたつ 둘 二人 ふたり 두 사람 お風呂 ふろ 욕조 お湯 ゆ 따뜻한 물
入る はい 들어가다

30 저는 일본어를 잘 못합니다

발음 발음은 '**헤**'입니다. 그러나 방향을 나타내는 조사 '～에, ～에게'로 쓰일 때는 '**에**'로 발음합니다.

어, 이거 이상해!

몇 년 전 야스쿠니(靖国) 신사 참배 문제로 동아시아를 떠들썩하게 했던 인물, 고이즈미 전 총리. 그가 총리까지 될 수 있었던 이유 중 하나는 '튀는 사람' 또는 '이상한 사람'이라는 뜻의 変人^{헨징}이었기 때문입니다. 변화를 뜻하는 変(變)은 일본어로 '다르다', '뭔가 이상하다'라는 뜻입니다. '어, 이거 이상해'는 あら、これ変だよ ^{아라, 코레 헨다요}이라고 합니다. あら는 '어라', '어머나'와 같이 놀라거나 감동했을 때 쓰는 감탄사입니다.

일본처럼 和^{와/화합, 일치}를 추구하는 사회에서 変하면 당연히 사회생활 하기 힘듭니다. 그래서 나온 속담이 出る杭は打たれる ^{데루 쿠이와 우타레루}입니다. 出る는 '나오다', 杭는 '말뚝', 打たれる는 '얻어맞다'라는 뜻입니다. 즉, '튀어나온 말뚝은 얻어맞는다'라는 뜻으로, 우리말의 '모난 돌이 정 맞는다'와 같은 뜻입니다. 일본이나 한국이나 튀는 것을 별로 좋아하지 않는 것은 마찬가지이지만, 일본 쪽이 다른 사람의 시선을 더 의식하는 경향이 있습니다. 한국 사람도 남의 눈치를 보긴 하지만, 자기 하고 싶을 때는 주위 사람 의식하지 않고 화끈하게(?) 일을 벌리니까요.

앗, 큰일 났다!

〈ここが 変だよ、日本人。 코코가 헨다요, 니혼징.〉〈여기가 이상해, 일본인.〉

한때 일본에서 인기를 끌었던 프로그램(番組)이었는데요. 외국인이 느끼는 일본인, 일본 사회의 이상한 점을 이야기하는 코너였습니다. 과장(誇張)도 많았고, 지나치게 쇼 중심이기도 했지만, 한편으로는 매우 재미있었습니다. 저는 그 番組를 보면서 일본인이 어디가 이상한지 체크하곤 했었죠.

▲ 2階へどうぞ 니카이에 도우조 2층으로 오세요

変이 이상한 것이니 여기에 '크다'라는 뜻의 大를 붙이면 '아주 이상하다', 즉 '큰일'이라는 뜻이 됩니다. あっ、大変だ 앗, 타이헨다라고 하면 '앗, 큰일 났다'라는 말입니다. 大変은 '대단히'라는 뜻도 있습니다. 大変ご苦労さまでした 타이헨 고쿠로우사마데시타는 '대단히 수고하셨습니다'라는 말입니다.

* ご苦労さま 수고하다

저 사람 실력 형편없네

'~을 잘하다'는 일본어로 上手 죠우즈라고 하고, '~을 잘 못하다(서투르다)'는 下手 헤타라고 합니다. '하수'라는 말을 한국어로도 잘 쓰는데, 마찬가지 뜻입니다. 따라서 '저는 일본어를 잘 못합니다'라고 표현하고 싶다면? 私は日本語が下手です 와타시와 니홍고가 헤타데스라고 하면 됩니다.

어떤 사람의 실력이 형편없을 때는 '잘 못한다'의 へた와 '똥'을 뜻하는 くそ를 합쳐서 へたくそ 헤타쿠소라고 합니다. 속된 말로 개판이라는 소리죠. この人、へたくそだな 코노 히토, 헤타쿠소다나라고 하면 '이 사람, 형편없는 걸'이라는 뜻입니다. だな 다나는 '~이구나'라는 뜻의 감탄사입니다. 이런 말 안 듣도록 잘해야겠죠?

▲ お客様へ 오캬쿠사마에 손님에게
へ는 '~에게'라는 뜻으로, 방향 및 누군가를 향해 말할 때 쓰는 조사입니다.

へ를 '헤'가 아닌 '에'로 읽을 때

앞에서 시작할 때 へ는 は와 같이 경우에 따라서 '에'로 발음하기도 한다고 했습니다. 어떤 경우에 '에'로 읽을까요. 어딘가를 향하거나 갈 때, 그 방향을 가리킬 때입니다. '서울에 갑니다'라는 표현을 작문해 봅시다. '서울'은 ソウル, '갑니다'는 앞서 배웠습니다. 行きます입니다. 그래서 서울에 간다고 할 때, 서울을 향한 방향을 나타내고 싶다면 ソウルへ 行きます 소우루에 이키마스라고 쓰면 됩니다. 우리말 '에'와 발음이 같죠? 우연이라고 하기에는 우리말과 일본어는 너무 가깝습니다.

私は 日本語が 下手です。 저는 일본어를 잘 못합니다(일본어가 서투릅니다).

へ ~에, ~에게(방향을 나타내는 조사)　変 이상하다
変人 이상한 사람　下手 못하다　大変 큰일 나다, 대단히
大変ご苦労さまでした。 대단히 수고하셨습니다.

31 그것은 책이 아닙니다

ほ ほ ほ ほ ほ

발음 ほ 발음은 우리말 '호'와 같습니다.

책은 ほん

ほ로 시작하는 단어 중 가장 눈에 띄는 것은 ほん이 있습니다. 한자로 써보면 本입니다.

본? 책을 뜻합니다. 일본에서 本이라는 글자가 크게 쓰여 있는 곳은 책이 있는 곳, 즉 서점을 가리킵니다. 예선에 한국에서도 책을 빌려주는 대여점을 대본소(貸本所)라고 한 것 기억나시나요?

일본 신입사원이 반드시 알아야 할 표현, ほうれんそう

ほうれん草^{호우렌소우}. 이것은 먹는 '시금치'를 뜻합니다. 그런데 일본 회사에서 이 '호우렌소우'를 매우 중요시합니다. 왜일까요? 회사에서 쓰는 ほうれんそう ^{호우렌소우}라는 말은 報告^{호우코쿠/보고}, 連絡^{렌라쿠/연락}, 相談^{소우당/상담}의 앞 글자인 ほう, れん, そう만 따서 만든 말입니다. 즉, 신입사원이 업무시간에 무엇을 했는지 '보고^{ほうこく}'하고, 외출 시는 반드시 '연락^{れんらく}'을 취하며, 문제가 생겼을 때는 즉각 상사와 '상담^{そうだん}'할 것을 뜻하는 업무수칙의 줄임말이기 때문입니다.

볼과 미소

ほ가 두 개가 되면 뭘까요. ほほ(頬)로 얼굴의 '볼'이라는 뜻입니다. 그래서 일본어로 '미소'는 頬笑み^{호호에미}라고 합니다. 笑み가 웃음을 뜻하고 頬가 볼을 뜻하므로 頬笑み는 볼에 흐르는 웃음, 즉 미소를 뜻합니다.

볼에 관한 이야기가 나와서 뜬금없긴 하지만, ほっぺたを 打たれる ^{훗페타오 우타레루}라고 하면 '뺨을 맞다'라는 말이 됩니다. ほっぺた는 '뺨', 打たれる ^{우타레루}는 앞 장에서 배웠죠. '얻어맞다'는 뜻입니다.

정말이야?

ほ 하면 역시 本当^{혼토우}입니다. 한국 사람도 대화할 때 '진짜로', '정말로'라는 말을 많이 쓰듯이, 일본 사람도 같은 뜻의 本当란 말도 많이 씁니다. え、本当に？는 '어, 정말로?'라는 말입니다.

우리나라도 지방에 따라 억양이 다르듯이 일본도 지방에 따라 억양이 다릅니다. 제

가 일본에서 처음 머물렀던 교토는 도쿄와 억양뿐만 아니라 쓰는 표현도 약간 달랐습니다. 일본은 일본 열도를 동쪽과 서쪽으로 나누어 東京토우쿄우를 중심으로 한 지방을 関東칸토우, 大阪오오사카를 중심으로 한 지방을 関西칸사이로 부르는데, 국사 시간에 배웠던 관동대지진도 関東 지방에서 일어났던 대지진을 말합니다. '정말'을 뜻하는 ほんとう를 関西弁칸사이벵/관서 지방 사투리으로는 ほんま홈마라고 합니다. 이렇게 지역마다 다른 사투리를 ほうげん方言/호우겡/방언이라고 합니다.

그것은 책이 아닙니다

학원에서 일본어를 처음 배울 때 가장 먼저 배우는 표현이 있습니다. これは本ですか。 코레와 홍데스카. '이것은 책입니까?'라는 표현입니다. 만약 책이 아니라면, いいえ、それは本ではありません이이에, 소레와 홍데와아리마셍이라고 답합니다. はい하이는 YES이고, NO는 いいえ이이에입니다. '그것'은 それ입니다.

일본어에서 무언가를 부정할 때는 ~じゃない~쟈나이라고 합니다. 그런데 이것은 반말입니다. 존댓말로 하려면 ~じゃない를 ~ではありません~데와아리마셍으로 바꿔줘야 합니다. 그래서 '~이 아닙니다'는 ~ではありません~데와아리마셍이 되겠습니다. 이건 기초 중의 기초이니 무조건 외우세요.

いいえ、それは本ではありません。 아니오, 그것은 책이 아닙니다.

はい 예(YES) いいえ 아니오(NO) 本홍 책 頬호호 볼 頬笑み호호에 미소 ほっぺた 뺨 打たれる우타레루 얻어맞다 本当혼토우 정말로, 진짜로 ほんま 정말로, 진짜로(칸사이 사투리) ~ではありません。~이 아닙니다.

はひふへほ 정리

다음 ( )에 들어갈 히라가나를 적어서 전체 단어를 완성한 후 음도 옆에 적으시오.

01	이빨	( )
02	꽃	( )な
03	해바라기	( )まわり
04	히나인형	( )なにんぎょう
05	욕탕	お( )ろ
06	두 사람	( )たり
07	이상하다	( )ん
08	못한다	( )た
09	미소	( )( )えみ
10	정말로	( )んとうに

정답

❶ (は) 하 ❷ (は)な 하나 ❸ (ひ)まわり 히마와리 ❹ (ひ)なにんぎょう 히나닝교우 ❺ お(ふ)ろ 오후로
❻ (ふ)たり 후타리 ❼ (へ)ん 헨 ❽ (へ)た 헤타 ❾ (ほほ)えみ 호호에미 ❿ (ほ)んとうに 혼토우니

문화코드 6

하나미와 하나비로 본 일본인의 인생관

벚꽃이 언제부터 개화한다는 일기예보에 사람들은 귀를 쫑긋 세웁니다. 그리고 날짜와 약속 장소를 정합니다. 정해진 날짜에 누군가 가서 미리 자리를 잡습니다. 맥주와 먹을거리를 푸짐하게 준비합니다. 당일, 몰려든 사람들은 가지마다 수북하게 달린 벚꽃을 보며 취하거나 즐거운 한때를 보냅니다. 벚꽃이 피는 시즌에 사람들이 이렇게 즐길 수 있는 것은 단 2주 정도입니다. 겨울이 끝나고 봄이 되어 잎사귀보다 먼저 꽃을 피우는 벚나무는 딱 2주 정도 화려하게 피었다가 우수수 져버리니까요.

일 년에 단 한 번 밖에 볼 수 없다는 것이, 일본 사람들의 숨을 막히게 합니다. 그래서 다들 열광합니다. 굳이 열광하지 않더라도 쉽게 볼 수 있습니다. 일본 전역은 어디를 가도 벚꽃 천지일 만큼 동네마다 지겹게도 심어놓았거든요. 이러다 보니, 사무라이들은 벚꽃처럼 죽는 것을 아름답다고 칭송하기도 했습니다. 어차피 죽는 것, 아름답게나 죽자는 것이죠. 이런 논리는 무사도(武士道)와 연결되면서 자살특공대가 비행기에 올라 떠날 때 벚꽃을 입에 물고 출동하는 웃지 못 할 광경을 연출하기도 했지요. 야스쿠니 신사 참배로 말썽을 빚었던 고이즈미 전 총리는 퇴임 후 이런 말을 했습니다.

"벚꽃이 아름다운 이유는 한꺼번에 우수수 져버리기 때문입니다. 늘 피어 있으면 그게 아름답겠습니까?"

이렇게 벚꽃의 아름다움을 한꺼번에 지는 미학에서 찾는 것에 대해 어떤 일본인은 벚꽃의 속성을 우익 세력이 교묘하게 이용하고 있다고 말합니다.

벚꽃이 피는 시기는 일본인이 새로운 출발을 하는 시기와 겹칩니다. 벚꽃이 피는 3월말부터 4월초가 졸업과 입학, 입사가 이루어지는 시기이기 때문이죠. 그래서 좋건 싫건, 우익 세력이 어떤 이유를 붙이건, 일본인의 기억 속에는 벚꽃이 깊숙하게 자리잡고 있는 것이 사실입니다.

하나미(花見, 꽃구경)처럼 일본인을 들뜨게 하는 행사를 또 꼽자면 하나비(花火, 불꽃놀이)를 들 수 있습니다. 더운 여름, 유카타(浴衣)라 불리는 약식 기모노를 입은 남녀들이 게타(下駄)를 신고 돌아다니는 것을 길거리에서 목격하게 된다면, 그날은 분명 어디선가 불꽃놀이가 열리는 날입니다. 이 행렬에는 남녀노소, 내·외국인 가리지 않습니다.

이때도 먹을거리와 시원한 맥주, 그리고 돗자리를 준비합니다. 사랑하는 연인이 있다면 무조건 자리를 함께 해야 하는 빅 이벤트이기도 하죠.

일본의 불꽃놀이가 대단한 것은 여러 군데서 열리는 것도 있지만, 한 번 불꽃놀이에서 쏘아 올리는 불꽃 수가 1만 발에서 2만 발이나 되기 때문입니다. 불꽃이 터지는 모양도 각양각색으로 준비한 흔적이 역력합니다. 어떤 의미에서는 '불꽃쇼'라고 이름 붙일 만도 합니다. 이렇다 보니 도쿄에서 가장 유명한 스미다강 불꽃놀이(隅田川花火大会)는 TV에서 생중계까지 할 정도로, 사람들도 100만 명 가까이 몰립니다.

花火도 봄의 花見처럼 자리다툼이 치열해서 목이 좋은 곳은 전날이나 당일 아침 일찍부터 가서 자리를 잡아야 합니다. 저녁 7시부터 시작되는 한 시간 반 가량의 불꽃놀이를 위해 하루를 꼬박 바쳐야 하는 것이죠.

꽃구경과 불꽃놀이는 각각 봄과 여름을 대표하는 일본의 볼거리입니다만, 둘 다 짧은 시간에 강렬한 인상을 남기고 사라진다는 특징이 있습니다. 일 년에 단 한 번만 즐길 수 있다는 애절함은, 단 하나의 기술만 있으면 인정받을 수 있다는 일본의 고집과 언뜻 보아 닮은 점이 있다 할 수 있겠습니다.

32 끝까지 열심히 합시다

ま ま ま ま

🔊 ま는 '마'입니다.

만화방을 일본어로?

오른쪽 사진을 볼까요.

まんが広場라는 글자가 크게 쓰여 있는 간판입니다. 무슨 뜻일까요. ま는 '마', ん은 '응', が는 '가', 마응가? 줄이면 망가. 어디서 많이 들어봤죠. 한국은 만화, 일본은 まんが(망가)라고 합니다. 한자로 써보면 漫画. 이 간판은 '만화 광장'이란 뜻으로, 돈을 내면 그 시간 동안 만화를 맘껏 읽을 수 있는 곳입니다. 인터넷도 쓸 수 있죠.

まつりの 나라 일본

일본은 지역에 따라 여러 가지 축제가 열립니다. 이 축제를 일본어로는 まつり^{마츠리}/祭라고 합니다. 열리는 시기는 주로 가을입니다.

여기서부터 여기까지

예전에 한국에서 청소년이 불량 서클을 만들었는데, 그 이름을 '사이고마데'라고 한 적이 있습니다. 사이고마데? さいごまで^{사이고마데}란 最後^{사이고}가 '마지막'이고, まで^{마데}가 '~까지'란 뜻으로, '마지막까지 함께 하자!' 이런 의미입니다. 묘한 게 일본어로 最後までと라고 하면 별 느낌이 없는데, 우리말로 '사이고마데'라고 적으면 뭔가 야쿠자 비슷한 분위기를 풍깁니다.

이 まで^{마데/~까지}는 から^{카라/~부터}와 콤비를 이루어 아주 많이 쓰이는 표현입니다.

▼ 谷中まつり^{야나카마츠리}
도쿄의 야나카라는 지역에서 열린 마츠리

앞서 か 시간에 から 배운 것 기억나시죠? ここ から ここまで ^{코코카라 코코마데}는 '여기서부터 여기까지'라는 뜻입니다. 一時^{이치지}から 二時^{니지}まで^{이치지카라 니지마데}는 '한 시부터 두 시까지'입니다.

일본은 한자를 많이 쓰다 보니, 잘 아는 단어도 한자로 쓰면 모르는 경우가 많습니다. 이 まで도 그런 놈인데 한자로는 迄로 씁니다. 저도 일본에 살면서 迄란 한자를 1년 동안 어떻게 읽는 줄 몰라서 그냥 지나쳤을 정도였습니다. 그런데 から는

▲ 7월 30일까지

한자로 표기를 하지 않으니 일본어야말로 제멋대로이기도 하죠.

끝까지 열심히 합시다!

자, 히라가나 공부도 꽤 진행되었습니다. 이 시점에서 조금 해이해지기 쉬운데 끝까지 긴장의 끈을 놓지 말고 정진합시다. 이때 쓰는 말이 '끝까지 열심히 합시다'인데, '끝까지'는 방금 전에 배웠죠? 最後^{사이고}까지 입니다. 그럼 '열심히 합시다'는? 頑張^{간바}りましょう^{감바리마쇼우}라고 합니다. 일단, 그냥 외우세요. 最後^{사이고}まで 頑張^{간바}りましょう!

最後^{さいご}まで 頑張^{がんば}りましょう! 끝까지 열심히 합시다!

漫画^{まんが} 만화 迄^{まで} ~까지 最後^{さいご}まで 최후까지
頑張^{がんば}る 견디며 버티다, 끝까지 노력하다.
~ましょう! ~ 합시다!(권유형 표현)

손짓 발짓으로 괜찮습니다

발음 み는 '미'라고 읽습니다.

み가 두 개면 귀가 된다

さしみ^{사시미}에서 み는 '몸'을 뜻합니다. 그렇다면 み가 두 개인 みみ^{미미}는 무엇일까요. 이것은 耳, '귀'를 뜻합니다. 그래서 임진왜란 때 조선에서 죽인 사람들의 귀를 히데요시가 있는 교토로 가지고 가서 묻은 무덤을 耳塚^{미미즈카}라고 합니다. '귀무덤'이라고 하나, 실은 鼻^{하나}, '코'를 더 많이 베어갔기 때문에 '코무덤'이라고 해야 한다는 이야기도 있습니다.

물도 종류가 있다

み로 시작하는 단어를 꼽으라면 뭐니 뭐니 해도 물입니다! 일본어로는 みず^{미즈}라고 합니다. 보통은 お를 붙여서 お水^{오미즈}라고 합니다. 한국에서는 보리차나 뜨거운 물이나 다 '물'이라고 하지만 일본에서는 이 세 개가 엄연히 구별이 되므로 잘 골라 써야 합니다. 水는 그야말로 투명한 물을 말합니다. 마시는 차는 お茶^{오차}, 뜨거운 물은 お湯^{오유}라고 합니다.

일본은 예로부터 목욕을 좋아했고, 차 문화가 발달했습니다. 따라서 お湯와 お茶를 아무것도 섞지 않은 맹물 水와 구별해서 썼습니다. 이 점 유념해주세요.

◀ 초밥집에 가면 사진처럼 뜨거운 물 お湯 오유에 녹차 가루를 넣고 같이 먹습니다. 일반적으로 일본 음식점에 가면 맹물(水)이 나오는 게 아니라 お茶가 나옵니다.

여기서 잠깐, 수영복은 일본어로 뭘까요. 수영이 水 속에서 하는 것이므로, 물에서 입는 옷(着)인 水着미즈기가 되겠습니다. '수영'을 뜻하는 水泳스이에이라는 표현은 수영복에 쓰지 않습니다.

신사에서 점치기

아래 사진을 봅시다.

みくじ 百円미쿠지 햐쿠엔이라고 적혀 있네요. 이것은 일본 절이나 신사 어디를 가도 볼 수 있는데요. 100엔을 내면 みくじ를 뽑아서 볼 수 있다는 말입니다. みくじ는 점을 쳐보는데 쓰는 제비를 말합니다. みくじ에는 운세가 적혀 있습니다. 吉키치/길와 凶쿄우/흉 등 그것을 뽑은 사람에 대한 운세가 적혀 있는데, 나쁜 것이 나오면 그 앞에

있는 줄에 매달아 둡니다. 안 좋은 운세를 매달아서 액땜을 했다는 식으로 이해하는 것이죠. 한국에서 점 보듯이 재미로 보는 거죠. 일본 신사에 가서 혹시 종이쪽지가 저렇게 참새처럼 매달려 있는 것을 보게 된다면 おみくじ오미쿠지라는 것 기억하세요!

▲ **みずほ銀行**ミ즈호깅코우 일본의 대형 은행 중 하나인 미즈호은행

말이 안 되면 손발짓으로

외국어 공부를 열심히 하지 않아도 외국인과 통하는 만국 공용어가 있죠? 이른바 '바디랭귀지'입니다. 일본어로는 みぶりてぶり 미부리 테부리라고 합니다. 무슨 뜻이냐고요? 몸 흔들기(身振り)와 손 흔들기(手振り)란 뜻으로 우리말로 의역하면 손짓, 발짓이 되겠네요. 외국어가 잘 안된다고 열 받지 마세요. 身振り手振り가 있잖아요.

일본에 여행을 가거나 출장을 가는 사람에게 '일본어 괜찮겠어?'라고 물었습니다. 日本語大丈夫? 니홍고 다이죠우부? だいじょうぶ는 대장부(大丈夫)라는 한자 그대로 '괜찮다', '걱정 없다'는 뜻입니다. 이렇게 누군가 물었을 때, 바디랭귀지에 자신이 있다면 이렇게 대답하면 됩니다. うん、身振り手振りで大丈夫。 응, 미부리 테부리데 다이죠우부. うん응은 はい하이를 대신해 편한 사람끼리 하는 긍정의 표시이고, ~で데는 '~으로'라는 뜻으로 도구나 방법을 나타냅니다. 정리하면 '손짓 발짓으로 하면 괜찮아'라는 뜻이 됩니다.

日本語 大丈夫? 일본어 괜찮겠어?
うん、身振り 手振りで 大丈夫。 응, 손짓 발짓으로 하면 괜찮아.

耳 귀   水 물   お湯 뜨거운 물   お茶 차
おみくじ 신사나 절에서 참배인이 길흉을 점쳐 보는 제비   身振り手振り 손짓 발짓
振る 흔들다   大丈夫 안전하다. 끄떡없다. 걱정 없다. 괜찮다.

34 도쿄는 정말 덥군요

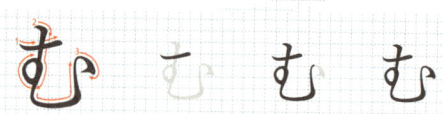

🔊 발음 사람을 무시하다 할 때 '무시'는 한자로 無視라고 합니다. 이 無視라는 한자를 히라가나로 써보면 むし입니다. 읽는 것도 '무시'라고 읽습니다. 앗, 우리말의 '무시'와 일본어의 むし는 발음이 같네요!

보리차는 むぎちゃ

보리는 일본어로 むぎ 무기라고 합니다. 일본은 보리차도 이렇게 페트병에 담아서 파는데요. 옆 사진은 천연 미네랄 보리차를 69엔에 판다는 광고입니다.

▶ 天然ミネラルむぎ茶 텐넨 미네라루 무기차 천연 미네랄 보리차

옛날 옛적에 할아버지와 할머니가 살았는데…….

옛날 옛적에? 어른들이 아이에게 전래동화를 읽어줄 때 '옛날 옛적에 …… 어쩌고 저쩌고'라고 하며 '옛날 옛적에'라는 표현을 꼭 넣죠? 이것은 일본도 같습니다.

昔昔ある所におじいさんとおばあさんが住んでいました。 무카시 무카시 아루 도코로니 오지이상토 오바아상가 슨데 이마시타. 분석해보면 다음과 같습니다.

昔	昔	ある	所	に	おじいさん	と	おばあさん	が	住んで	いました。
무카시	무카시	아루	도코로	니	오지이상	토	오바아상	가	슨데	이마시타.
옛날	옛적	어느	곳	에	할아버지	와	할머니	가	살고	있었습니다.

이러한 전래동화 등 옛날이야기는 일본어로 昔話무카시바나시라고 합니다.

벌레는 むし

앞서 むし는 '무시하다'의 無視를 뜻한다고 말했습니다. 그런데 이 むし는 또 다른 뜻을 가지고 있습니다. 虫라고 쓰고 むし무시라 읽습니다. '벌레'란 뜻이죠. 벌레 싫어하는 사람에게는 벌레가 무시무시(むしむし) 하겠죠? 특히 ごきぶり 고키부리/바퀴벌레 같은 것에 気絶키제츠/기절하는 사람도 있죠. 大げさ 오오게사/과장(誇張)인가요?

〈아톰〉을 만든 무시프로덕션

일본이 애니메이션 왕국이라는 것은 다들 아는 사실. 이 애니메이션의 기초를 쌓은 사람은 테즈카 오사무(手塚治虫)입니다. 바로 애니메이션 〈아톰〉을 만든 사람입니다. 우리말 표기에는 '테츠카' 또는 '데쓰카'라고 하기도 하는데, 실제 발음은 '테즈카'입니다. 이 사람 이름에도 虫가 들어있죠.

手塚治虫는 おさむ라는 자기 이름에서 むし라는 글자를 떼어 내어 애니메이션 프로덕션을 만들었는데, 그 프로덕션의 이름이 '虫프로덕션'입니다. 줄여서 'むしプロ무시푸로'라고 합니다. 민영방송 フジテレビ후지테레비에서 〈아톰〉을 방영한 이래, むしプロ는 미국과는 다른 일본 애니메이션만의 제작 기법을 완성하게 되죠. 또한 むしプロ를 거쳐 간 수많은 제작자와 감독이 지금도 일본 애니메이션 업계를 주름 잡

▲ 테즈카 오사무가 〈아톰〉을 그린 곳이 도쿄의 다카다노바바. 이 역 앞 벽에는 이렇게 아톰 및 그가 창조한 캐릭터가 벽화로 그려져 있다.

고 있는 것을 보면 虫が日本アニメを育てて来たとも言える! 무시가 니홍아니메오 소다테테키타토모 이에루!

虫	が	日本	アニメ	を	育てて	来た	と	も	言える!
무시	가	니홍	아니메	오	소다테테	키타	토	모	이에루!
벌레	가	일본	애니메이션	을	키워	왔다	고	도	말할 수 있다!

찌는 듯이 덥군요

일본의 더위는 살인적인데요. 특히 도쿄는 해안가라서 湿気 싯케/습기 가 많기 때문에 더 덥습니다. 그래서 찌는 듯한 더위를 표현할 때 이렇게 씁니다.

むしあつい. 무시아츠이. 暑いは '덥다'인데, 蒸しは 뭘까요? 혹시 무시무시하게 덥다는 뜻? 그건 아니고요, 요리할 때 쓰는 말로 蒸す 무스 란 말이 있습니다. '찌다'는 뜻인데, 蒸し暑いは '찌는 듯한 더위'를 말합니다. 東京は本当に蒸し暑いですね. 토우쿄우와 혼토우니 무시아츠이데스네. 도쿄는 정말로 덥군요. 올해 여름 한국도 매우 더웠죠? 도

▲ しまむら 시마무라 일본의 염가 패션 체인

쿄도 무척 더웠답니다. 섭씨 40도 가까운 더위에 열사병으로 130여명이나 죽었습니다.

   참고로, 춥다는 뭘까요? 寒(さむ)い 라고 합니다. 이 さむい는 모두 이미 배운 히라가나이므로 발음을 한 번 소리내어 읽어보세요.

とうきょう　ほんとう　　む　あつ
東京は 本当に 蒸し暑いですね。 도쿄는 정말로 덥군요.

無視(むし) 무시　虫(むし) 벌레　ごきぶり 바퀴벌레　気絶(きぜつ) 기절
大(おお)げさ 과장(誇張)　昔(むかし) 옛날　昔話(むかしばなし) 옛날이야기　湿気(しっけ) 습기
暑(あつ)い 덥다　蒸(む)す 찌다　蒸(む)し暑(あつ)い 매우 덥다　寒(さむ)い 춥다

35 저 사람은 예뻐서 눈에 띕니다

발음 우리말 '메'와 같습니다.

눈약은 めぐすり

め는 눈을 뜻합니다. 하늘에서 내리는 눈(雪) 말고, 얼굴에 달린 目입니다. 앞서 이 시간에 '아프다'를 배웠죠? 그 말을 응용해서 '눈이 아프다'라고 어떻게 말할까요. '아프다'가 痛い니까 目が 痛い ^{메가 이타이}가 됩니다.

그럼, 눈이 아플 때 필요한 약인 안약은 뭘까요. 눈을 뜻하는 한자 眼(안)은 がん이라고 읽지만, 안약이라고 할 때는 이 眼이라는 글자를 안 씁니다. 일본어로는 目薬 ^{메구스리}라고 합니다. 눈약이죠. 같은 한자 문화권이지만 한자말을 그대로 일본어 음으로 읽어서는 안 되는 경우도 있으니 주의!

101번째 프러포즈

~め(目)는 또한 '~째'란 뜻이기도 합니다. 몇 번째는 何番目 ^{남밤메}라고 합니다. 番^방은 순서 또는 차례를 뜻합니다. 몇 회째는 何回目 ^{낭카이메}입니다. 횟수를 뜻하는 回(회)는 かい ^{카이}로 읽습니다.

그렇다면 '101번째 프러포즈'는 뭘까요. 말 그대로 101番目라고 쓰면, 한 사람에게

▲ 高田馬場二丁目타카다노바바 니쵸우메
도쿄 신주쿠 타카다노바바 2쵸우메 지역 버스 정류장 간판입니다.

계속해서 101번씩이나 고백했다기보다는 여러 사람 중에서 101번째 순서의 사람에게 고백을 했다는 뜻입니다. 따라서 일본어로 횟수를 뜻할 때는 101回目하쿠이치카이메라고 합니다.

め는 일본 주소에서도 단골입니다. 몇 번지를 何丁目난쵸우메로 쓰기 때문이죠.

눈알상품이 뭐지?

目에서 파생된 말은 그 외에도 많죠. 옛날에는 구슬을 '다마'라고도 했습니다. 기억나시죠? 일본어로는 구슬 玉자를 쓰고 たま타마라고 읽습니다. 이 玉 앞에 目를 붙이면? 目玉(눈구슬)? 바로 눈알, 눈동자를 의미합니다.

그럼 다음 단어는 무슨 뜻일까요. 目玉商品메다마쇼우힝은? 눈알상품? 이것은 가게에서 사람들의 눈을 끌기 위해 파는 특가 제품을 말합니다. 홈쇼핑에서 눈에 확 띄게 내놓는 상품 같은 거죠. 좋은 거라면 눈알(目玉)이 나오는 것은 당연지사겠죠.

그렇다면 눈에 확 띄는 것은 뭐라고 할까요. 目立つ메다츠라고 합니다. 立つ타츠가 '서다'란 뜻인데, 눈앞에 무언가 확 서있는 느낌, 즉 눈에 띈다는 뜻이 됩니다. 다음은 めだつ라는 표현이 들어간 예문입니다.

赤色が 目立つ。 빨간색이 눈에 띄다.
* 赤는 빨강, 色는 색깔

あの 人はきれいで目立ちます。 저 사람은 예뻐서 눈에 띕니다.
* きれいだ 예쁘다, きれいで 예뻐서

▶ のめません노메마셍 마실 수 없습니다. 지브리 미술관 내에서 손을 씻을 수 있는 곳. 마실 수 있는 물은 아니어서 안내 문구가 적혀 있다.

* のむ 마시다, のみます 마십니다, のめます 마실 수 있습니다, のめません 마실 수 없습니다.

あの 人は きれいで 目立ちます。 저 사람은 예뻐서 눈에 띕니다.

目 눈   目薬 눈약   目玉商品 눈에 띄는 상품
目立つ 눈에 띄다   赤 빨간   色 색깔   綺麗だ 예쁘다

36 한 번 더 말해 주세요

발음 も는 우리말 '모'와 같습니다.

일본의 쓰레기 분리수거

일본도 쓰레기 수거는 요일별로 엄격한데, 크게 나누면 타는 쓰레기 もえるごみ와 안 타는 쓰레기 もえないごみ로 나뉩니다. ごみ는 쓰레기, もえる는 타다, もえない는 타지 않다.

쇼핑몰에 가면 쓰레기통이 두 개로 나뉘어 있는데, 아래 그림을 보면 타는 쓰레기와 타지 않는 쓰레기로 나누어서 수거하고 있음을 알 수 있죠.

▶ もえるゴミ 타는 쓰레기
편의점 앞에서 흔히 볼 수 있는 글자입니다. 쓰레기를 뜻하는 ごみ가 가타카나로 쓰였습니다.

も는 조사로 한국어의 '~도'와 같은 뜻

명사 + も 는 '~도'라는 뜻입니다.

わたしも 나도, あなたも 당신도

올해도 잘 부탁드립니다

다음 문장을 봅시다. 지난 시간에 배운 문장이죠? 일본 새해 인사말입니다.

あけまして おめでとうございます。 새해 복 많이 받으세요.

이 뒤에 바로 따라 오는 말이 아래와 같습니다.

今年も よろしく おねがいします。 올해도 잘 부탁드립니다.
* 今年 올해, よろしく 잘

이 표현의 포인트는 も 입니다. '~도'를 넣어서 '올해도 잘 부탁한다', '앞으로도 계속 잘해보자'는 말로 새해 인사를 합니다. 좋은 관계를 계속 이어가기를 바라는 것은 어디나 마찬가지입니다.

모시모시, 여보세요?

もしもし 모시모시. 일본에서 전화 받을 때 혹은 전화 걸 때 쓰는 말입니다. 한국은 전화 걸 때 쓰는 말이 '여보세요'인데, 일본은 왜 もしもし 일까요.

일본어로 자기소개를 할 때 초급반의 경우는 보통 私はキムです(저는 김입니다)라고 직접적으로 말합니다만, 상급반으로 올라가면 다음 표현을 배우게 됩니다.

初めまして、私はキムと申します。 하지메마시테, 와타시와 키무토 모우시마스. 처음 뵙겠습니다. 저는 김이라고 합니다.

~と 申します ~토 모우시마스란 표현은 자기를 낮추는 겸양어입니다. 우리말로 굳이 번역한다면 아랫사람이 윗사람에게 '아뢰겠습니다' 정도가 됩니다. 즉, 상대에게 자기를 낮추어서 말을 걸 때 申す 모우스라는 동사를 쓰는데, 이 もうす가 명사형으로 되어서 もうしもうし가 되고, 그것이 짧아져서 もしもし가 된 것이죠. もしもし는 결국 '여보세요'란 뜻이 됩니다.

하나 더 주세요

も로 시작하는 단어 중 생존을 위해서 꼭 알아야 하는 단어가 있는데, 그것은 바로 もう입니다. 밥을 더 먹고 싶을 때가 있죠. 이미 한 그릇을 비운 상태지만 한 그릇 더 먹고 싶습니다. 이때 もう를 써야만 밥이 나옵니다.

もう一個ください。 모우 잇코 쿠다사이. 하나 더 주세요.

여기서 もう는 추가로 '더'란 뜻이죠. 우리말과 일본어는 어순이 같지만, 예문처럼 '하나 더'가 아니라 '더 하나'로 어순이 다른 경우가 있습니다. 일본인과 회화를 하는데 잘 못 알아듣는다면 이 표현을 써보세요.

もう一度言ってください。 모우 이치도 잇테 쿠다사이. 한 번 더 말해 주세요.
* もう一度 한 번 더. 言ってください。 말해 주세요.

▼当たったらもう一本 아탓타라 모우 입퐁 당첨되면 한 병 더. 캠페인에 당첨되면 하나를 더 준다는 광고

もう를 배웠으니 잘 못 알아들은 발음을 한 번 더 물어볼 수 있게 되었습니다. 그러나 もう 一度 들어도 못 알아듣겠다. 이럴 때 기분을 뭐라고 할까요.

もどかしい! 모도카시이! 답답하다!

상대에게 일본어로 마구 이야기하고 싶은데 못하겠다. 그때 이 もどかしい란 말을 써보세요. 상대가 그 답답한 기분을 이해해 줄 겁니다.

もう 一度 言って ください。 한 번 더 말해 주세요.

もう 一度 한 번 더 ~も ~도 もう 더 もどかしい 답답하다
もしもし 여보세요 燃えるゴミ 불에 타는 쓰레기
燃えないゴミ 불에 안 타는 쓰레기 一個 한 개

まみむめも 정리

다음 ( )에 들어갈 히라가나를 적어서 전체 단어를 완성한 후 음도 옆에 적으시오.

01	만화	( )んが
02	~까지	( )で
03	물	お( )ず
04	귀	( )( )
05	찌는 듯이 덥다	( )しあつい
06	옛날	( )かし
07	눈에 띄다	( )だつ
08	안약	( )ぐすり
09	한 번 더	( )ういちど
10	올해도	ことし( )

정답

❶ (ま)んが 망가 ❷ (ま)で 마데 ❸ お(み)ず 오미즈 ❹ (み)(み) 미미
❺ (む)しあつい 무시아츠이 ❻ (む)かし 무카시 ❼ (め)だつ 메다츠 ❽ (め)ぐすり 메구스리 ❾ (も)ういちど 모우이치도우 ❿ ことし(も) 코토시모

문화코드 7

신사(神社)와 마츠리

조그만 골목이 많은 일본의 거리 이곳저곳을 기웃거리다 보면 쉽게 마주치는 것이 있습니다. 바로 신사(神社)입니다. 일본어로 '진쟈'라고 발음하죠. 한국 사람에게 '신사'라 하면 '야스쿠니 신사'를 떠올리기 쉽습니다. 그러나 야스쿠니 신사는 군국주의 시대 국가신도(國家神道)로 된 특수한 형태의 신사로, 일반 동네에 있는 신사와는 다릅니다. 야스쿠니 신사가 태평양전쟁을 일으킨 A급 전범의 위패를 모아둔 곳이라면, 동네 신사는 그 동네의 수호신이 모셔져 있습니다. 농경의 신, 학문의 신 등, 일본 고유의 문화가 담겨 있는 곳입니다.

그래서 일본 드라마나 애니메이션에서는 신사가 자주 등장합니다. 사춘기 소녀의 감수성을 그린 애니메이션 〈귀를 기울이면〉에서 주인공이 남자 친구에게서 고백을 받는 곳도 신사이며, 일본 공교육의 문제를 파헤친 〈여왕의 교실〉에서 악마와 같은 담임선생님에게 복수를 하고자 아이들이 모이는 곳도 신사입니다.

신사는 무엇보다 한적한 곳에 위치해 그 마을의 내력을 이야기해주는 분위기를 풍기기도 하고, 숲과 어우러져 자연의 냄새를 풍기기도 합니다. 일본은 일 년 내내 전국 어디선가 축제가 벌어지는데, 이 축제는 단순히 마시고 즐기는 카니발과는 성격이 다릅니다. 보통 제사와 축제가 어우러진 형태로 이루어지는 경우가 많은데, 한 해의 안녕과 수확을 기원합니다. 그 중심에 신사가 있습니다. 축제는 신을 모신 가마(おみこし)가 동네 한 바퀴를 도는 것이 일반적입니다. 이 오미코시가 출발하는 곳이 신사이며, 돌아오는 곳도 신사입니다. 즉, 마을의 중심이라는 뜻입니다.

신사와 마츠리가 일본인의 일상에 얼마나 많은 영향을 끼치고 있는지 좀 더 살펴볼까요. 일본인의 새해는 신사를 참배함으로써 시작됩니다. 하츠모우데(はつもうで)라 해서 새해가 밝으면 신사를 찾아 그해의 안녕을 기원합니다. 이때 야쿠도시(厄年)라 해서 액이 낀 나이에 해당하는 사람은 신사에 얼마의 돈을 내고 액땜을 하는 의식을 치르고, 하마야(破魔矢)라는 화살 같이 생긴 것을 받습니다. 이것을 집에 걸어두면 액이 도망하고 일 년간 행운이 찾아온다는 뜻입니다. 그리고 그 다음해 이 하마야를 신사에 반납, 태우도록 합니다.

신사는 수험철에도 바빠집니다. 일본 최고의 대학 도쿄대 근처에 있는 유시마 신사는 학문의 신을 모시고 있는데, 이곳은 입시 때마다 합격을 기원하는 수많은 수험생들로 붐빕니다. 그들은 이곳에 와서 에마(絵馬)라고 하는 소원을 적는 목판에 합격을 바라는 메모를 적어서 걸어둡니다. 한국으로 치면 엿을 붙이는 행위라고 할까요. 신사 측도 이때만큼은 한몫 단단히 잡는 시기입니다. 에마는 그냥 주는 것이 아니라 돈을 받고 파는 것이니까요.

신사에서는 에마만 파는 것이 아니라 부적, 오미쿠지(おみくじ, 길흉을 점치는 것) 등 돈이 되는 것은 모두 판매합니다. 인간의 길흉과 미래에 대한 호기심을 적당한 금전과 맞바꾸는 기술에 혀를 내두를 정도입니다.

그런데 이렇게 일본인에게 친숙한 신사가 실은 한반도와의 관계를 규명할 중요한 창고이기도 합니다. 마에다 켄지라는 다큐멘터리 영화 감독은 젊은 시절 신사에 대해 연구를 하다 한반도에서 유래한 신들의 흔적을 수없이 만나게 되었습니다. 그는 그때부터 일본과 한반도의 관계를 규명하는 작업에 평생을 바칩니다. 최근에 내놓은 작품은 바로 한국의 입장에서 바라본 임진왜란 다큐멘터리 영화였습니다. 신사는 어쩌면 고대 한반도의 비밀을 담고 있는 거대한 보물 창고가 아닐까요.

짤·막·포·인·트

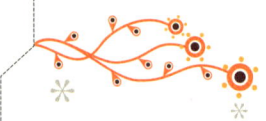
や, ゆ, よ는 모음 역할을 한다

앞으로 배울 や, ゆ, よ 세 글자는 あ, い, う, え, お와 함께 일본어의 모음을 형성하는 글자입니다. 그런데 이 세 글자는 拗音(요음)이라고 해서, 다른 히라가나의 자음과 결합되어서 새로운 발음을 만들어 냅니다.

や는 '야'이지만 다른 자음과 작은 ゃ가 결합이 되면 'ㅑ'가 되고,
ゆ는 '유'이지만 다른 자음과 작은 ゅ가 결합이 되면 'ㅠ'가 되고,
よ는 '요'이지만 다른 자음과 작은 ょ가 결합이 돼서 'ㅛ'가 됩니다.
예를 한 번 볼까요.

1. や 회사는 일본어로 会社카이샤라고 합니다. 히라가나로 한 번 써보면 かいしゃ가 됩니다. か카 い이 しゃ샤. 여기서 しゃ는 し와 작은 ゃ가 결합된 것인데, し에서 'ㅅ'을 따고 작은 ゃ에서 'ㅑ'를 따서 '샤'가 됩니다.

2. ゆ 일본 도쿄의 번화가 新宿신쥬쿠. 이것을 히라가나로 써보면 しんじゅく가 됩니다. しん신 じゅ쥬 く쿠. 여기서도 마찬가지로 じゅ는 じ에서 'ㅈ'과 작은 ゆ에서 'ㅠ'가 결합하여 '쥬'가 됩니다.

3. よ '오늘'을 일본어로 하면 今日쿄우라고 합니다. 히라가나로는 きょう라고 표기합니다. きょ쿄 う우. 여기서도 '쿄'라는 발음은 き의 'ㅋ'과 작은 よ의 'ㅛ'가 결합해 만들어진 것입니다.

이상, 다른 글자와 함께 쓰여서 하나의 발음을 만들어 내는 '요음'에 대해서 배웠는데요. 한 가지 주의하실 것은 이 や, ゆ, よ도 작은 ゃ, ゅ, ょ 일 때만 요음이고 보통 크기인 경우는 원래 발음 '야', '유', '요'로 발음된다는 점입니다. 이 점 잊지 마세요.

37 그것은 싫습니다

🔊 발음 や가 보통 크기면 '야', 작은 크기의 ゃ이면 'ㅑ'가 됩니다. 방(房)은 へや^{헤야}, 会社는 かいしゃ^{카이샤}입니다.

심야 운행 버스는 야행버스?

밤을 뜻하는 夜(야)는 일본어로도 음이 같습니다. 夜間^{야칸}야간, 深夜^{싱야}심야.

지방에서 도쿄로 올 때 교통비가 비싸서 돈을 아끼려는 사람들은 신칸센(新幹線) 대신에 夜行バス^{야코우바스}를 이용합니다. '야행버스'는 밤에 운행하는 버스로서 심야 운행 버스란 뜻입니다. 저도 교토에서 도쿄로 올 때 주로 이용했습니다. 밤 10시나 11시에 출발하면 새벽 6시경 新宿南口^{신주쿠미나미구치}에 도착합니다. 도쿄 중심지 신주쿠 역의 남쪽 출구를 말합니다. 타고 나면 밤새 구급차에 실려 온 느낌이 들죠.

한편, 夜를 뜻으로 읽으면 よる^{요루}라고 합니다.

もう夜^{よる}ですね。 벌써 밤이네요.

▶ 심야 운행 버스표 파는 곳

마츠리에는 야키소바가 제격!

가을이면 일본 동네 곳곳에서는 축제가 열리죠. 일명 お祭り 오마츠리. 어느 나라나 제사보다는 젯밥에 관심이 많은 것은 사실. まつり가 열리는 곳이면 포장마차가 줄줄이 늘어서죠. 옆 사진을 볼까요.

이런 포장마차를 屋台 야타이라고 합니다. 포장마차에 적혀 있는 글자를 살펴보면 やきそば 야키소바. やきそば는 국물에 담긴 소바(메밀국수)가 아니라 焼き, 즉 구운(실제로는 프라이팬에 볶은) 소바란 뜻이죠.

그건 싫어요

자기를 내세우기 꺼려하는 일본인이지만, 싫다고 할 때는 확실하게 이야기하기도 합니다. 명확하게 상대에게 의사표시를 할 때는 이렇게 이야기하죠.

いやだ。 이야다. 싫다.

그럼 '싫습니다'는 어떻게 할까요. だ 대신에 です를 넣으면 됩니다. いやです。

A : こういう風にやりましょう。 이런 식으로 합시다.
B : それはいやです。 그건 싫어요.
 * こういう風に 이런 식으로, 이런 방법으로
 * やりましょう。 합시다.

> それはいやです。 그건 싫어요.

会社 회사   夜 밤   深夜 심야   夜間 야간
夜行バス 심야 운행 버스   祭り 축제
屋台 포장마차   焼きそば 야키소바   嫌だ 싫다

38 꿈은 꼭 이루어진다

ゆ　ゆ　ゆ

 ゆ는 '유'로 읽습니다. 다른 히라가나와 결합되어 모음으로 쓰이는 '요음'으로 쓰이면 'ㅠ'로 읽습니다. 눈(雪)은 ゆき유키, 수업(授業)은 じゅぎょう쥬교우입니다.

욕탕 입구에 쓰여 있는 것은 뭘까요?

앞에서 みず(水)와 함께 ゆ는 뜨거운 물(湯)을 뜻한다고 이야기 한 적이 있습니다. 아래 사진을 한 번 봅시다.

욕탕 입구입니다. 일본 온천(温泉)을 가보면 들어가는 입구에 커다랗게 ゆ라고 적혀 있습니다. 한자로 써보면 湯(탕)인데, 훈독으로 ゆ라고 합니다.

컵라면을 먹을 때도 뜨거운 물은 熱い水(뜨거운 물)라는 표현을 쓰지 않고 그냥 お湯라는 말을 씁니다.

三分後にお湯を入れてください。 삼 분 후에 뜨거운 물을 넣어주세요.
* 三分後に 삼 분 후에. 入れる 넣다. 入れてください。 넣어주세요.

목욕 할 때도 욕조 버튼을 누르면 이런 소리가 납니다.

お湯はりをします。 뜨거운 물을 넣겠습니다.
* お湯はり 욕조에 뜨거운 물을 넣는 것

여름에 편하게 입는 기모노

일본 전통 의상은 보통 着物키모노라고 하는데, 기모노 중에서 여름철에 입을 수 있는 간편한 옷이 있습니다. 그런 옷을 浴衣유카타라고 부릅니다. ゆかた는 집에서 목욕을 하고 나서 입는 간편한 옷에서 유래했습니다. 한자를 보시면 아시겠지만, '욕의(浴衣)'라는 한자를 쓰고 읽을 때는 '유카타'로 읽습니다.

이 ゆかた도 ゆ로 시작하니까 お湯와 관련이 있음을 어렴풋하게 느끼시겠죠. 일본 전통 여관 또는 호텔에 가면 반드시 이 ゆかた가 사람 수만큼 한 벌씩은 있고, 유카타는 단순히 집에서 편하게 쉴 때 입는 옷을 넘어서, 여름에 花火 등 축제가 있을 때에도 입고 나갈 수 있는 캐주얼

◀ 동네 쇼핑몰에서 파는 ゆかた. 기모노와 달리 간편하고 가벼운 것이 특징입니다.

(?)한 복장으로 안착했습니다.

꿈은 이루어진다

산다는 것은 단순히 먹고살기 위해서만은 아니죠. 누구나 꿈을 가지고 있는데, 그 꿈을 夢라 합니다. 꿈은 두 가지 뜻이 있죠. 하나는 잠을 잘 때 꾸는 꿈이고, 또 한 가지는 뭔가를 바랄 때 쓰는 꿈이죠. ゆめ는 이 두 가지 모두 쓰입니다.

夢を見る。 꿈을 꾸다.
夢がかなう。 꿈이 이루어지다.

살다보면 힘든 일도 많지만, 夢は諦めない限り、きっと叶う 유메와 아키라메나이카기리, 킷토 카나우입니다.

夢は諦めない限り、きっと叶う。 꿈은 포기하지 않는 한 꼭 이루어진다.
* 諦めない 포기하지 않다, 限り ~한, きっと 꼭, 叶う 이루어지다.

夢は きっと 叶う。 꿈은 꼭 이루어진다.

湯ゆ 따듯한 물　温泉 온천　浴衣 간편한 기모노　夢 꿈
諦めない 포기하지 않다　限り ~한　きっと 꼭　叶う 이루어지다

39 세상에 공짜는 없습니다

발음 ょ는 발음이 우리말 '요'와 같습니다. 안녕하세요! 그리고 작은 ょ는 'ㅛ'입니다. 여자(女子)를 히라가나로 써보면 じょし^{조시}라고 읽습니다.

환영합니다

어느 곳을 처음 방문하든 입구에서는 환영 메시지를 볼 수 있습니다. 영어로 하면 "Welcome to ~"이고, 우리말로 하면 "~에 오신 것을 환영합니다"이겠죠. 일본어로는 뭘까요.

오른쪽 사진을 한 번 볼까요.

재미난 캐릭터가 그려져 있습니다. 세계적인 애니메이션 스튜디오 지브리가 있는 미타카시의 환영 메시지입니다. 여기에서 ようこそ란 말은 "환영합니다"에 해당하는 말입니다.

▲ 일본을 대표하는 전통 그림을 '우키요에'라고 합니다.

뜬구름 같은 세상을 그린 그림

에도시대에 발달한 위 그림 양식을 왜 '우키요에(うきよえ)'라고 할까요. 한자로 써 보면 그 이유를 알 수 있습니다. 浮世絵. うき(浮)는 '뜬', よ(世)는 '세상', え(絵)는 '그림'을 뜻합니다. 전쟁으로 날밤을 새우던 전국시대가 끝나고 에도시대라는 평화로운 시절이 찾아오면서 일본에서는 다양한 문화가 일어났습니다. 浮世絵도 그런 흐름 중 하나였습니다. うきよえ는 뜬세상, 즉 덧없는 세상 浮世에 대한 풍자가 담겨 있습니다. 참고로, 위 그림은 うきよえ의 대가 카츠시카 호쿠사이(葛飾北齋)의 작품입니다.

샐러리맨의 주식, 규동

일본에서 牛丼규동은 샐러리맨에게 거의 주식(主食)인데요. 그중 가장 큰 체인점이 吉野家요시노야입니다. 규동은 소고기 덮밥입니다. 옛날에 광우병으로 미국산 소고기 수입을 중단했다 다시 재개했습니다.

세상에 공짜는 없다

よ(世)는 なか(中)와 결합되어 '세상'이라는 뜻으로 나타내기도 합니다.

世の中、ただはありません。 세상에 공짜는 없습니다.
* 世の中 세상에(세상 속에), ただ 공짜.

따라서 사람들의 생각을 알아보는 여론조사의 여론은 世論이라는 한자를 쓰고 よろん이라고 읽습니다. 우리나라는 여론을 輿論이라고 표기하죠.

世の中、ただは ありません。 세상에 공짜는 없습니다.

ようこそ 환영합니다   世論 여론   世論調査 여론조사
浮世絵 우키요에   世の中 세상에(세상 속에)   ただ 공짜

や ゆ よ 정리

다음 ( )에 들어갈 히라가나를 적어서 전체 단어를 완성한 후 음도 옆에 적으시오.

01	심야	しん(　)
02	싫습니다	い(　)です。
03	회사	かいし(　)
04	뜨거운 물	お(　)
05	꿈	(　)め
06	유카타	(　)かた
07	우키요에	うき(　)え
08	환영합니다	(　)うこそ
09	세상에	(　)のなか
10	괜찮다	だいじ(　)うぶ

정답

❶ しん(や) 싱야　❷ い(や)です 이야데스　❸ かいし(ゃ) 카이샤　❹ お(ゆ) 오유　❺ (ゆ)め 유메
❻ (ゆ)かた 유카타　❼ うき(よ)え 우키요에　❽ (よ)うこそ 요우코소　❾ (よ)のなか 요노나카
❿ だいじ(ょ)うぶ 다이죠우부

문화코드 8

물과 차의 구분이 확실한 일본

교토의 가정집에 딸린 기숙사에서 살 때의 일입니다. 그 기숙사는 남녀가 같이 생활하는 곳으로, 2층은 남자가 3층은 여자가 살았습니다. 세면대나 화장실은 층마다 있어 아침에 세수를 하거나 볼일을 볼 때 서로 마주칠 일이 없었습니다. 다만 식사 때와 목욕을 할 때는 마주칩니다. 식사는 주인집과 붙어 있는 1층에서 아침과 저녁에 제공되므로 만날 수밖에 없었고, 목욕은 욕실이 하나 밖에 없어 순번을 정해 쓸 수밖에 없었기 때문에 마주치게 됐습니다.

그런데, 가장 황당했던 일은 욕조에 담긴 목욕물을 공동으로 쓰는 일이었습니다. 일본에서는 한 번 받은 목욕물은 버리지 않고 온 가족이 돌아가며 씁니다. 연장자 순으로 탕에 들어갔다가 나오고, 만약 손님이 오면 손님이 먼저 들어갑니다. 제가 살던 기숙사도 꼭 하루에 한 번은 욕조에 물을 받아놓습니다. 그리고 절대 버리지 말라고 강조합니다. 일반적으로 일본인이 목욕물을 받아두는 이유는 하루에 한 번은 꼭 욕조(風呂)에 들어가야만 피로가 풀린다는 생각을 갖고 있기 때문입니다. 제가 살던 기숙사는 여기에 약간의 경제적 이유도 추가되었습니다. 추운 겨울에 샤워기에서 나오는 물로 씻지 말고 욕조에 들어 가서 몸을 데우라는 것이죠. 즉, 물을 아끼기 위해서입니다. 그래서 아르바이트가 끝나고 자정 가까운 시간에 돌아온 저는 욕조에 몸을 담그긴 했지만, 사람들의 부유물을 건져내야만 했습니다.

이 이야기를 하는 이유는 일본인의 따뜻한 물에 대한 애착이 대단하다는 것을 말하기 위해서입니다. 그것은 일본 전역에 온천이 있는 이유이기도 하지만, 더운 여름이라도 뜨거운 물에 몸을 담가야만 하루의 피로가 풀린다는 생각 때문이기도 합니다. 따라서 이런 물을 미즈(水)라 하지 않고 유(湯)라고 명확하게 구분하는 것은 당연한 일로 보입니다.

'미즈'라고 불리는 물도 더운 여름에는 차가운 물과 미지근한 물로 나뉩니다. 차가운 물을 강조하기 위해서, 일본 사람들은 음식점에 가서 물을 달라고 할 때 미즈(水)라고 하지 않고 오히야(お冷)라고 합니다. 이 말은 차갑게 식힌다는 뜻의 동사 히야스(冷やす)에서 온 말로, 찬물을 뜻합니다.

더운 여름에는 우치미즈(打ち水)라 해서 더위를 식히자는 뜻으로 물 뿌리는 대회를 엽니다. 재미난 것은 이 우치미즈 행사에 쓰는 물은 집에서 쓰다 남은 것을 사용합니다만, 전날 몸을 담갔던 욕조의 물도 포함됩니다. 가족이 있는 경우는 가족이 몸을 담궜던 물이니 재활용도 이만한 재활용이 없는 셈입니다.

물에 대해서만큼은 따듯한 물(湯), 차가운 물(冷), 맹물(水)로 명확하게 나누는 일본인이 맹물과 차를 구분하는 것은 당연한 일이겠죠. 일본 편의점에 가면 생수보다 더 많은 자리를 차지하고 있는 것이 바로 お茶(오차)입니다. 종류로는 PET병에 담긴 녹차가 가장 많습니다.

일본에서 현재 가장 많이 팔리는 녹차는 'お~い お茶(오~이 오차)'라는 브랜드로 올해로 나온 지 20년이 되었습니다. 2008년 판매량은 8390만 개로 녹차음료 점유율 36%를 차지할 정도입니다. 지금도 일본 사람들은 편의점에 가서 생수보다 차를 선택합니다. 입맛이 그렇게 길들여진데다가 그만큼 대중화된 것입니다.

이처럼 일본에서는 뜨거운 물과 차가운 물, 맹물, 그리고 차를 확실하게 구분한다는 것을 하나의 상식으로 알아두면 좋겠죠?

㉘ 이런 거 누워서 떡먹기죠

발음 ら의 영어 표기는 ra인데 r 발음은 일본인도 못합니다. 우리말 '라'와 같다고 보면 됩니다.

일본인은 인스턴트라면은 싫어해

ら로 시작하는 일본어 단어를 꼽자면 뭐니 뭐니 해도 らーめん ^{라아멩}입니다. 우리말로는 라면이라고 하죠. 아시겠지만, 일본인은 주식이라고 할 정도로 らーめん을 좋아합니다. 물론 가게에서는 절대로 インスタントラーメン(인스턴트라면)은 안 먹습니다. 한국 대부분의 가게가 인스턴트라면을 파는데 일본인 관광객을 한국에서 가이드할 때, 메뉴에 있는 것이 인스턴트라면이라고 하니까 안 사 먹고 주로 김밥이나 떡만둣국을 먹더군요. 아니면 차라리 カップラーメン(컵라면)을 먹고 말지요.

일본 라면은 크게 된장, 간장, 소금, 돈코츠 라면이 있는데, 오른쪽 사진은 塩らーめん ^{시오 라아멩/소금 라면}입니다.

포기하면 편해!

ら로 시작하는 말 중에서 일상 회화에서 잘 쓰는 표현은 らく 라쿠라는 단어입니다. 한자로 써보면 楽입니다.

일본이 2006년 월드컵에서 힘들게 경기를 풀어가자, 일본 네티즌이 일본 축구 대표팀에 격려, 분노, 조언 등을 쏟아냈는데(누구를 바꿔라, 저 감독은 안 된다 등등), 그중 한 명이 신선처럼 아래와 같은 메시지를 남겼습니다.

諦めたら楽だよ! 아키라메타라 라쿠다요! 포기하면 편해!
* 諦める 포기하다, たら ~하면

누워서 떡먹기죠

이 らく를 좀 더 살펴보면

A : それ、難しくない? 소레, 무즈카시쿠 나이? 그거 어렵지 않냐?
B : こんなの、楽勝ですよ。 콘나노, 라쿠쇼우데스요 이런 거, 누워서 떡먹기죠.
* こんなの 이런 것, らくしょう 간단한 것

쉽게 이기는 것을 '낙승(楽勝)'이라고 하는데요. 일본어로 らくしょう는 꼭 싸움이 아니더라도 쉬운 일을 가리킬 때 씁니다. 의역하면 '누워서 떡먹기'라고 할 수 있죠. 일본어도 한자만 없다면 매우(매우) らくしょう일지도 모릅니다.

こんなの、楽勝ですよ。 이런 거, 누워서 떡먹기죠.

らーめん 라면 カップラーメン 컵라면
楽 편하다 楽勝 간단한 것, 누워서 떡먹기

④ 인생, 이론이 아니다

발음 이것도 r 발음 한다고 혀를 굴릴 필요가 없습니다. 그냥 '리' 하면 됩니다.

사과는 링고

り로 시작하는 대표 단어는 뭐가 있을까요. り로 시작하는 과일 りんご^{링고}가 있습니다.

사과로 만든 주스는 りんごジュース^{링고 쥬ー스}입니다.

그건 무리입니다

'안 된다', '무리다'라고 이야기할 때, 일본도 む り ^{무리}라는 말을 씁니다.

それは無理です。 ^{소레와 무리데스}. 그건 무리입니다.

▲ りんごは まるい ^{링고와 마루이}
사과는 둥글다.

일본어에는 두음법칙이 없다

한국에서 일본어 프리토킹 할 때였습니다. 다른 성(性)을 뜻하는 '이성'과 높은 정신적 활동을 뜻하는 '이성'을 혼동하는 사태가 발생, 수강생이 혼돈에 빠진 적이 있습니다. 우리말로는 둘 다 '이성'이지만, 일본어는 다릅니다. 두음법칙이 적용되지 않기 때문입니다. 일본어로 표기하면 異性은 いせい^{이세-}, 理性은 りせい^{리세-}가 됩니다.

우리말에서는 자연스러운 두음법칙을 그대로 일본어에 적용했다가는 이성 친구를 뜻하는 이성(異性)을 りせい 라고 잘못 발음하기 십상입니다.

한자를 알면 의미가 명확해진다

일본어 공부의 최대 난관은 한자입니다만, 때때로 한자를 알게 되면서 그 의미를 좀 더 명확하게 알게 되는 경우도 많습니다.

아기가 젖을 떼고 먹는 것을 '이유식'이라고 하는데, 이것도 두음법칙이 적용되어서 한글만으로는 정확한 뜻을 알기 어렵습니다. 아이가 젖 대신에 밥을 먹기 위한 전 단계로만 생각했는데, 한자를 써보니 확실하게 알겠더군요. 離乳食^{리뉴쇼쿠}. 한자 그대로 '젖에서 떠나는 음식'이란 뜻이죠. 우리말의 두음법칙은 발음하기는 편하나 때때로 의미의 혼동을 가져오기도 합니다. 그렇다고 모든 일본 한자를 소리 나는 대로만 읽지는 않습니다. 헤어짐을 의미하는 이별(離別)은 음독으로 りべつ^{리베츠}이지만, 정작 '헤어짐'을 뜻할 때는 이 말을 쓰지 않습니다. 離別에서 別만 떼어 와서 別れ^{와카레}라고 하는 훈독을 하고 맙니다. 일본어는 각 단어별로 그냥 외우고 익숙해지는 수밖에 없습니다.

인생, 이론이 아니다

り로 시작하는 단어 중에서 理論(りろん)이 있습니다. 理論은 우리말로는 '사물의 이치나 지식 따위를 해명하기 위하여 논리적으로 정연하게 일반화한 명제의 체계'를 의미합니다. 그러나 일본어에서는 이런 뜻을 가리키는 단어로 理論이라는 말은 잘 쓰지 않습니다. 대신에 理屈(りくつ)를 자주 씁니다.

人生(じんせい)、理屈(りくつ)じゃない。 인생, 이론이 아니다.
* ~じゃない。 ~이 아니다.

백날 떠들어봐야 소용없고 직접 겪어봐야 안다는 뜻이죠. 이렇게 인생의 복잡다단한 면을 산과 계곡으로 표현한 말이 있죠.

▲ 明治通(めいじどお)り 메이지도오리
도쿄 시내에 있는 거리 이름. 通(どお)り는 '거리'라는 뜻입니다.

人生(じんせい)、山(やま)あり谷(たに)あり。 인생, 산도 있고 계곡도 있고.
* 人生(じんせい) 인생, 山(やま) 산, 谷(たに) 계곡

人生(じんせい)、理屈(りくつ)じゃない。 인생, 이론이 아니다.

りんご 사과 りんごジュース 사과 주스 理屈(りくつ) 이론
人生(じんせい) 인생 山(やま) 산 谷(たに) 계곡 理性(りせい) 이성
異性(いせい) 이성 離乳食(りにゅうしょく) 이유식 別(わか)れ 헤어짐

소리샘으로 연결합니다

  る

 '루'라고 외우시면 됩니다.

일본어 동사는 대부분 る로 끝난다

이 る는 일본어에서 조금 독특하죠. 일본어의 웬만한 동사는 る로 끝나기 때문입니다. 일단, 일본어 단어 중에서 る로 끝나면 대부분 동사입니다.

ある/いる ~이/가 있다
食(た)べる 먹다
寝(ね)る 자다
うんこする 화장실에서 대변을 보다
生(い)きる 살다

▲ eco(환경)에 る를 붙여 ecoる를 만들어냈습니다. ecoる는 실제로 쓰이는 말이 아니라 코카콜라 회사의 환경 친화적 자판기 이름입니다.

이렇듯 먹고 자고 싸는 하는 모든 일이 다 る로 끝나는 동사들입니다.

따라서 일본어는 る를 붙여서 없는 말을 만들어내기도 합니다. メモ(메모)에 る를 붙여 メモる라고 하면 '메모를 하다', 事故(じこ)에 る를 붙여서 事故る라고 하면 '사고 치다'라는 뜻이 됩니다.

그러나 모든 동사가 る로 끝나는 것은 아니라는 점도 주의해야겠죠.
참고로, 형용사는 뭐로 끝날까요. い나 な로 끝납니다.

たかい 비싸다
やすい 싸다
きれいな 예쁜
しずかな 조용한

▲ 安い 싸다

동사 원형이 곧 수식형

우리말과 비교해서 일본어의 재미난 점은 동사나 い로 시작하는 형용사는 특별히 변형할 필요 없이 그대로 명사를 수식할 수 있다는 것입니다. 우리말로는 '가다'라는 동사가 어떤 명사를 수식할 때는 '가는', '갈' 이렇게 변형이 됩니다만, 일본어에서는 그대로 명사 앞에 오면 자동적으로 수식하는 의미가 됩니다.

行く 가다 → 行く時間 갈 시간
食べる 먹다 → 食べる時間 먹는 시간
安い 싸다 → 安い店 싼 가게

자동 응답기는 집 지키는 전화?

일본에서 집에 전화를 걸었을 때, 아무도 없는 경우 자동 응답 전화기는 아래와 같은 메시지를 들려줍니다.

只今、留守にしております。지금 집을 비웠습니다.
* 只今 지금, 留守 집을 비우다, しております。하고 있습니다(존댓말).

るす(留守)란 '집을 비웠다'는 뜻입니다. 따라서 자동 응답 전화기는 自動応答電話機라고 하지 않고, 留守番電話機라고 합니다. 留守番에서 番은 '담당'이라는

뜻. 집 지키는 담당, 즉 자동 응답 전화기란 뜻이죠. 일본에서 파출소를 交番^{こうばん}코우방이라고 하는 것도 '번갈아 가면서 지킨다'는 뜻이기 때문입니다.

あれ、私^{わたし}の番^{ばん}？ 어라, 내 차례?
出番^{でばん}じゃない？ 나갈 차례 아냐?
* 出番^{でばん} 나갈 차례

따라서 상대방에게 전화를 걸었는데 상대가 전화를 받지 않을 때 나오는 소리는 다음과 같습니다.

留守番電話^{るすばんでんわ}におつなぎします。 소리샘으로 연결합니다.
* つなぐ 연결하다
* お＋つなぎ＋します。 연결하겠습니다(존댓말).

▶ もうあいている。 이미 열려 있다.
　まだあいている。 아직 열려 있다.

* もう 이미. 開^あいている 열려 있다.
　まだ 아직. 24시간 영업한다는 것을 강조하는 일본 맥도날드 광고

만약 한국에서 일본에 있는 사람 휴대폰으로 전화를 걸었는데 전화를 안 받는다면, 그 후 위 메시지가 들려올 겁니다. 그러면 그냥 끊지 마시고, '삐' 소리 후에 메시지를 남기면 됩니다.

　그러나 留守처럼 留가 る로 발음되는 경우는 조금 특이한 경우이고, 일반적으로는 りゅう로 발음됩니다. 그래서 유학생은 留学生류―각세―라고 합니다.

留守番電話に おつなぎします。 소리샘으로 연결합니다.

留守 집을 비움　留守番電話機 자동 응답 전화기　交番 파출소
出番 나갈 차례, 나설 때　留学生 유학생

 # 좀 더 냉정하게 생각합시다

れ | れ

발음 れ는 우리말 '레'입니다.

레스토랑

일본어에서 외래어는 가타카나로 적는 습관이 있습니다. 레스토랑도 원래는 レストラン이라고 가타카나로 적어야 맞는데, 아래 레스토랑은 동물원 안에 있는 곳이라 아이들이 알기 쉽게 일부러 히라가나로 표기한 것입니다.

냉면이나 냉장고나 시작은 れい

이것이 무엇이냐. 바로 冷蔵庫입니다. 이 냉장고의 한자 옆에 작게 쓰인 히라가나를 보면 れいぞうこ 라고 적혀 있는 것이 보일 것입니다.

차가울 랭(冷)은 일본어로 れい^{레이} 라고 읽습니다. 이 れい는 한국인이 좋아하는 음식을 가리킬 때도 쓰입니다. 그 음식은 뭘까요. 일본 사람의 麵^{멘/면} 사랑은 대단한데, 일본 라면, 소바, 우동 가게에 없는 것이 하나 있습니다. 바로 れいめん(冷麵)입니다. 냉면이죠.

냉정하게 생각합시다?

冷靜라는 말은 일본 정치인들이 잘 쓰는 말입니다. 이 말이 가끔 한국 사람을 열받게 하죠. 독도 문제, 과거사 문제가 터졌을 때, 한국이 항의를 하면 일본 측에서는 이렇게 이야기 합니다.

もっと冷靜に考えましょう。 좀 더 냉정하게 생각합시다.
* もっと 좀 더, 考えましょう。 생각합시다.

문제를 일으킨 쪽은 냉정할지 모르나, 당한 쪽은 그렇지 않죠. 이런 경우에는 이렇게 대답하면 됩니다.

もうやめて！더 이상 그만둬!

* もう 더 이상(강조), やめて 그만 해, やめる 그만두다

▲ 入れません。들어갈 수 없습니다. ~ません이 나오면 '~이/가 안 된다'는 뜻입니다.

もっと 冷静に 考えましょう。좀 더 냉정하게 생각합시다.

冷 차가울 랭　冷麺 냉면　冷藏庫 냉장고　冷静 냉정

やめて 그만해

여기서 잠깐 우리말 발음이 일본어로는 어떻게 바뀌는지 살펴볼까요. 일본어 한자 읽기는 우리말 발음에서 두음법칙을 적용하지 않고 종성을 빼면 비슷한 것이 많습니다.

우리말의 '랭'에서 우선 'ㅇ'을 뺍니다. 그럼 '래'가 됩니다. 그리고 이것을 늘입니다. '래이'가 되죠. 그런데 일본어로 '래'라는 발음과 가장 비슷한 것이 れ이므로 れい가 되겠습니다. 우리말 발음에서 다는 아니지만 'ㅇ' 받침이 있는 경우 'ㅇ'을 빼고 두 음절로 늘여주면 일본 발음하고 비슷하게 됩니다.

예를 더 들어보죠. 생산성. 한자로 쓰면 生産性이죠? 일본어로 읽으면 せいさんせい^{세이산세이}입니다. 이것도 '생'에서 'ㅇ'을 빼고 '새'를 늘입니다. 그럼 せい^{세이}가 되죠. 비슷하게 냉장고도 れいぞうこ ^{레이조우코/冷藏庫}가 됩니다.

'ㄹ' 받침은 つ로 바뀌는 경향이 있습니다. 鉄^철은 てつ^{테츠}, 実^실은 じつ^{지츠}로 읽습니다.

'ㄱ' 받침은 がく로 바뀌는 경향이 있습니다. 学^학은 がく^{가쿠}, 学院^{학원}은 がくいん^{가쿠인}, 価格^{가격}은 かかく^{카카쿠}입니다.

그러나 모두 이렇게 바뀌지는 않습니다! 다만 일본어도 어떻게 바뀐다는 경향이 있다는 것 정도로만 이해하시면 되겠습니다.

44 당신은 로맨틱하시네요

발음 입을 꼭 모을 필요 없이 '로'와 '러'의 중간 발음으로 하면 됩니다만, 여기서는 편의상 '로'로 합니다.

삿포로 さっぽろ

눈이 많이 내리는 홋카이도의 중심 도시 삿포로. 히라가나로는 さっぽろ라고 씁니다.

▶ さっぽろ 삿포로

복도는 ろうか

ろ로 시작하는 일본어는 단연 숫자 六이죠. 그리고 '복도'를 뜻하는 廊下가 있습니다.

일본은 맨션 등에 지진이나 화재가 났을 때, 진입하기 쉽도록 ろうか에 개인 물건을 놔두는 것을 금지하고 있습니다.

성(城)은 しろ

일본의 옛날 성입니다. 이 성을 일본어로는 城라고 쓰고, しろ라고 읽습니다. 미야자키 감독의 애니메이션《천공의 성 라퓨타》를 일본어로 써보면? 天空の城ラピュタ 텐쿠우노 시로 라퓨타.

하얀 색 차, 검은 색 차

색에 대해서 잠깐 살펴볼까요. '하얗다'는 일본어는 白い입니다. 반대로 '검다'는 黒い입니다. 따라서 하얀 자동차는 白い車가 되겠습니다.

일본어는 우리말과 비슷한 표현이 꽤 있는데 이 しろい란 표현에도 있습니다. '머릿속이 백지 상태처럼 아무 생각이 안 날 때, 그런 상황을 일본어로 표현하면 あたまが 真っ白になる 라고 합니다. 직역하자면 '머리가 새하얗게 되다'가 됩니다.

* 頭 머리. ~になる。~이 되다.

여기서 まっしろ는 뭘까요. しろい가 하얗다는 뜻인데 まっ은 그것을 강조하는 것입니다. 真는 참 진(眞)의 일본 한자입니다. 따라서 '진짜로 하얗다'는 말이고, 의역하자면 '새하얗다'란 뜻이 되겠죠. 즉, 頭が 真っ白になる는 당황해서 아무 생각이 안 나는 상태를 의미합니다. 반대로 '새까맣다'는 真っ黒가 됩니다.

낭만은 국적이 모호한 단어

한국에서는 '낭만'이라는 말을 참 많이 쓰죠. 그런데 이 '낭만'이란 말이 국적 불명의 단어라는 것은 알고 계시나요. 한자에서 뜻과 상관없이 음만 가져다 쓰는 것을 '가차문자'라고 하죠. 영어의 roman을 일본어로 표기하면 ろまん입니다. 이 발음에 맞는 한자어를 갖다 붙인 게 바로 浪漫입니다.

그런데, 이 단어가 한국으로 넘어오면서 ろまん로망이라는 발음으로 읽힌 게 아니라 일본이 음으로 차용한 한자를 그대로 한국식으로 읽어서 '낭만'이 되었습니다. 즉, 우리나라는 서양의 roman도 아니고 일본의 ろまん도 아닌 특이한 발음으로 남게 된 것이죠. 그래서 낭만과 로망은 참 가까우면서도 먼 단어입니다. 이제 와서 낭만을 로망으로 바꾸자고 해도 불가능한 일이기도 하고요.

보통 일본어로 '낭만'은 히라가나 대신 가타카나 ロマン으로 씁니다. 로망에서 차용한 외래어니까요. 로맨틱(romatic)은 ロマンチック입니다. 그런데 ロマンチック로만칙쿠를 읽으면 그렇게 로맨틱하게 들리지 않습니다.

あなたは ろまんちっくですね。 당신은 로맨틱하시네요.

六 육 廊下 복도 白い 하얗다, 흰 黒い 검다, 검은
真っ白い 새하얗다, 새하얀 真っ黒い 새까맣다, 새까만
城 성 ロマン 로망 ロマンチック 로맨틱

らりるれろ 정리

다음 ( )에 들어갈 히라가나를 적어서 전체 단어를 완성한 후 음도 옆에 적으시오.

01	포기하다	あき( )める
02	누워서 떡먹기	( )くしょう
03	사과 주스	( )んごジュース
04	이유식	( )にゅうしょく
05	자동 응답 전화기	( )すばんでんわき
06	먹다	たべ( )
07	냉장고	( )いぞうこ
08	냉정	( )いせい
09	로맨틱	( )まんちっく
10	성	し( )

정답

❶ あき(ら)める 아키라메루 ❷ (ら)くしょう 라쿠쇼우 ❸ (り)んごジュース 링고쥬ース
❹ (り)にゅうしょく 리뉴우쇼쿠 ❺ (る)すばんでんわき 루스방뎅와키 ❻ たべ(る) 타베루
❼ (れ)いぞうこ 레이조우코 ❽ (れ)いせい 레이세이 ❾ (ろ)まんちっく 로만칙쿠 ❿ し(ろ) 시로

문화코드 9

일본인의 라면 사랑

 일본인의 라면 사랑은 정말 못 말립니다. 밤 11시가 되어도 좋아하는 라면 가게가 있으면 줄을 서서 먹습니다. 뿐만 아닙니다. 라면을 단순한 음식이 아닌 산업으로 생각하고 각종 전시회, 박람회를 열어 장려합니다. 일 년에도 몇 번씩 각 지역에서 라면 관련 쇼가 열립니다. 때마다 라면 최강자를 뽑는 콘테스트가 열리며, 요코하마에는 라면에 관한 모든 것을 전시하고 있는 박물관도 있습니다. 요즘에는 로봇이 라면을 만들어주는 곳도 생겼습니다.

 일본인의 이런 라면 사랑은 지구가 아닌 우주까지 향합니다. 닛신식품에서 개발한 우주라면은 무중력에서도 수프가 흩날리지 않도록 점도를 높인데다, 스페이스 셔틀에서 끓일 수 있는 70도 정도의 물에서도 라면이 불도록 밀가루의 배합을 연구했다고 합니다. 닛신식품 하면 1958년에 세계 최초의 인스턴트라면인 '치킨 라면'을 개발한 곳으로, 라면을 대중화한 회사입니다. 이 덕택에 지금 전 세계에서 생산되는 라면이 연간 653억 개나 될 정도로, 라면은 일상적으로 먹는 음식이 되었습니다.

 일본 사람들이 라면을 좋아하다 보니, 맛 하나만을 가지고 승부를 하는 가게도 많이 생겨났습니다. 그 가운데 라면 값을 1만 엔(우리돈으로 약 12만 원)에 파는 사람도 생겨났습니다. 보통 라면집에서 파는 라면이 500~700엔인데, 무려 10배 이상 비싼 금액입니다. 일본 전체가 디플레이션으로 청바지도 1,000엔 아래로 파는 판에, 라면을 1만 엔에 판다는 사람은 어떤 사람일까요.

 바로 '오미융합황제면(五味融合皇帝麵)'이라는 라면을 팔고 있는 후지마키 쇼이치라는 사람이 그 주인공입니다. 그는 국물이 1만 엔이고 면은 덤이라고 주장합니다. 왜 국물 값이 1만 엔이나 하는 걸까요. 그가 만드는 중화라면의 국물은 고급 고기로 우려낸 국물과 고급 꽃게 및 새우로 맛을 낸 해산물 국물을 섞은 다음, 그 위에 새우와 꽃게 페이스트를 얹어 태국 궁중요리와 광동 요리를 융합한 것이라고 합니다. 재료를 조달하는 데 하루, 조리하는 데 하루, 재워 놓는데 하루가 걸리기 때문에 3일 전에 예약해야만 먹을 수 있습니다. 게다가 영업하는 날은 금, 토, 일 3일에, 시간도 낮 12시부터 오후 3시까지 딱 세 시간만 팝니다.

그가 이런 비싼 라면을 만들어 파는 이유는 뭘까요. 16살에 요리의 길에 들어선 후지마키 씨는 도쿄의 고급 레스토랑 요리장을 거쳐, 자신의 라면 가게를 열었습니다. 곧 인기를 얻고, 사람들이 줄을 서서 먹을 정도로 박리다매로 돈을 벌었습니다. 그러나 일본에서 라면이라고 하면 식권을 사서 줄 서 기다려야 먹는 B급 음식이라는 인식이 있습니다. 그는 라면에 대한 이런 상식에 반기를 듭니다. "모든 음식 중에 왜 라면만 고급이라는 개념이 없나"라는 고민 끝에 내놓은 것이 3,000엔짜리 메뉴에 예약제 시스템이었습니다. 이것이 좋은 평판과 함께 인기를 얻자, 급기야 1만 엔짜리 라면까지 내놓은 셈입니다.

그의 이런 행보에 대해 일본 네티즌들은 "이런 거 먹느니 싸구려 라면 34그릇 먹는 편이 나아", "미국으로 치면 최고급 햄버거의 일본식 전략인 셈이군"이라며 냉소를 보내고 있습니다. 그러나 가게 홈페이지에는 여전히 1만 엔짜리 라면 예약을 받는 것으로 보아 후지마키 씨는 자기의 뜻을 꺾을 생각이 없는 모양입니다.

일본 라면을 알면 알수록 일본 사회가 보입니다.

㊺ 일본어 할 줄 아세요?

발음 '와'라고 하며 우리말 발음과 차이가 없습니다.

왜 마츠리에서 '왓쇼이'라고 할까?

오른쪽 사진은 わっしょい 왓쇼이라고 하는 선술집 간판입니다. 그런데 이 わっしょい 라는 말은 일본의 축제 때 많은 사람들이 외치는 말이기도 하죠. わっしょい는 '왔소'라는 한국말에서 유래한 말입니다.

왔소! わっしょい! 왔소! わっしょい!

고대 일본은 백제계가 지배층이기도 했고, 백제 유민이 한반도에서 많이 건너왔습니다. 그때 일본 곳곳에 뿌리를 내린 여러 풍습이 하나의 まつり로 굳어진 곳도 많습니다. 그런 まつり에 우리말에서 유래된 말이 있다는 것이 이상할 것은 없습니다.

일본을 칭할 때는 와

和는 일본을 구성하는 원리입니다. 和를 일본어로 읽으면 わ라고 합니다. 이 和는 일본 사회의 원리이기도 한데, 상대와 싸우기보다 화합을 중요시 하는 문화죠. 그것은 오랜 내란 속에서 같은 마을에서 서로 협동하면서 살지 않으면 상대를 이길 수 없었던 문화에서 기인합니다. 和는 따라서 상대를 이해하고 배려하는 상황에서 생겼다기보다, 일치단결을 강요하는 문화 속에서 생겼다고 볼 수 있죠. 이 和 속에 들어가서 융합하기를 거부하는 경우 발생하는 것이 いじめ(괴롭힘)이고, 內(안)와 外(밖)를 나누는 기준이 되기도 합니다. 이렇게 형성된 和에 따르지 않는 것은 일본 사회에 迷惑(민폐)를 끼치는 행위가 됩니다.

和는 일본인들이 스스로를 칭할 때 자주 쓰는 말로 '일본', '일본 것'을 뜻합니다. 기모노를 비롯한 일본 전통 복장은 和服, 그 외 캐주얼한 서양옷은 모조리 洋服라고 합니다. 우리나라에서 생산된 소고기를 한우라고 합니다. 그럼 일본에서 생산된 소고기는 뭐라 할까요? 日牛? 아닙니다. 和牛^{와규우}라고 합니다. わぎゅう 중에서 최고로 치는 것은 고베산 고기입니다. 품질이 너무 좋아 생고기로 すし를 만들어 먹기도 합니다. 마찬가지로 일본 전통 과자는 和菓子^{와가시}라고 하고, 일본 요리는 일식(日食)이라고 하지 않고 和食^{와쇼쿠}라고 합니다.

▶ 和民. 일본 프랜차이즈 선술집 이름.
たみ는 백성을 뜻합니다.

'멍멍'은 わんわん

나라별로 동물 울음소리가 다른데, 한국에서는 강아지 소리를 '멍멍'으로 표기한다면, 일본에서는 わんわん왕왕으로 씁니다. 따라서 개를 귀엽게 부를 때는 わんわん의 わん을 따서 わんちゃん완창이라고 합니다.

일본어 할 줄 아세요?

わ로 시작하는 말 중에 아주 많이 쓰이는 말이 있습니다.
그것은 바로 わかる! わかる는 '이해하다', '알 수 있다'라는 뜻입니다.
우리말에서도 '알겠다', '알겠습니다'는 대화나 수업, 업무지시 등에서 상대가 이해했는지를 파악하는 데 많이 쓰이듯이, 이 わかる도 수시로 쓰입니다.

わかる 알다(기본형) → わかった 알았다(과거형) → わかりました 알겠습니다(공손한 표현)

그래서 '일본어 할 줄 아세요'라고 물어볼 때는 日本語、分かりますか라고 합니다. 分かる는 '알다', '이해하다'이고, 分かります는 '압니다', '이해합니다'이므로, 일본어를 '이해'하는 것은 곧 일본어를 할 줄 '안다'는 뜻이죠.

日本語、分かりますか。 일본어 할 줄 아세요?

和 화합, 일본이 자신을 칭할 때 씀   いじめ 괴롭힘   わんわん 멍멍   わんちゃん 강아지
分かる 알다   和菓子 화과자, 일본 전통 과자   和服 일본 전통옷, 기모노 등
洋服 모든 서양옷, 캐주얼 등

46 여름을 즐기자

🔊 **발음** を는 앞서 배운 お와 발음이 같습니다.

목적격 조사는 오

夏^{나츠}는 여름, 楽しもう^{타노시모우}는 '즐기다'를 뜻하는 동사 楽しむ^{타노시무}의 권유형.

여기서 を가 목적격 조사로 쓰였다는 것을 알 수 있습니다.

'밥을 먹습니다'를 일본어로 써보면? ご飯を食べます^{고항오 타베마스}입니다.

또 다른 목적격 조사 が

일본어에서 목적격 조사는 を 외에도 있습니다. を는 우리말의 '~을/를'과 대응이 되지만, 우리말의 '~을/를'이 모두 を로 대응되지는 않습니다.

무슨 소리인고 하니, 뒤에 오는 동사의 형태에 따라서 を를 쓰지 않고 が를 쓰는 경우가 있습니다.

▲ 夏を楽しもう! 여름을 즐기자!

すき(좋다), わかる(알다), ~たい(~하고 싶다) 이런 표현 앞에는 보통 が를 씁니다.
を를 쓰는 경우도 있지만 が를 쓰는 것이 일본어로서 더 자연스럽죠.

너를 좋아해(네가 좋아). → 君が好き。
일본어를 할 수 있다. → 日本語が分かる。
냉면을 먹고 싶다. → 冷麺が食べたい。

▲ 家族を考える人は、国債。 카조쿠오 캉가에루 히토와 코쿠사이. 가족을 생각하는 사람은 국채. 가족을 생각해서 안전한 일본 국채를 사라는 광고입니다.

夏を 楽しもう! 여름을 즐기자!

を ~을/를   ご飯 밥   夏 여름
楽しもう 즐기자   楽しむ 즐기다

47 오늘도 일본어 공부를 열심히!

발음 ん은 우리말 ㅇ, ㄴ, ㅁ에 해당하는 받침입니다. ん은 뒤에 어떤 음이 오느냐에 따라 발음이 세 가지로 나뉩니다.

세 가지로 발음되는 ん

1) ㅇ 인 경우
뒤에 이어지는 소리가 あ, か, は, や, わ, が 행인 경우와 ん으로 끝나는 경우입니다.

でんわ ^{뎅와} 電話 전화
いちばん ^{이치방} 一番 최고
じかん ^{지캉} 時間 시간
げんき ^{겡키} 元気 안녕
しんや ^{싱야} 深夜 심야
にほんご ^{니홍고} 日本語 일본어

▲ でんわ. 전화를 뜻하는 電話를 어린이도 알아보기 쉽게 하기 위해 히라가나로 표기했습니다.

2) ㄴ인 경우

뒤에 이어지는 소리가 さ, た, な, ら, ざ 행인 경우입니다.

かんたん 칸탄 簡単 간단

ぎんざ 긴자 銀座 긴자

たのんだ 타논다 頼んだ 부탁했다

えらんだ 에란다 選んだ 골랐다

3) ㅁ인 경우

뒤에 이어지는 소리가 ま, ば, ぱ 행인 경우입니다.

しんぶん 심붕 新聞 신문

じんぶんちしき 짐붕치시키 人文知識 인문지식

しんぱい 심파이 心配 걱정

예전에 어떤 유학생이 심야(深夜)를 '싱야(しんや)'로 발음해야 하는데, 그냥 한국식으로 '심냐'로 하는 경우를 본 적이 있습니다. 꼭 주의해서, 긴자, 뎅와, 심붕, 심파이 이렇게 제대로 발음하기를 바랍니다.

今日も 日本語の 勉強を 頑張れ! 오늘도 일본어 공부를 열심히!

今日 오늘　日本語 일본어　勉強 공부　一番 최고　時間 시간
深夜 심야　簡単 간단　金座 긴자　頼んだ 부탁했다　選んだ 골랐다
新聞 신문　人文知識 인문지식　心配 걱정

わ を ん 정리

다음 ( )에 들어갈 히라가나를 적어서 전체 단어를 완성한 후 음도 옆에 적으시오.

01	일본 전통옷	( )ふく
02	이해하다	( )かる
03	일식	( )しょく
04	목적격 -을/를	( )
05	신문	し( )ぶ( )
06	최고	( )ちばん
07	간단	( )んた( )
08	안녕	げん( )
09	시간	じ( )ん
10	걱정	( )んぱ( )

정답

❶ (わ)ふく 와후쿠 ❷ (わ)かる 와카루 ❸ (わ)しょく 와쇼쿠 ❹ (を)오 ❺ し(ん)ぶ(ん) 심붕
❻ (い)ちばん 이치방 ❼ (か)んた(ん) 칸탄 ❽ げん(き) 겡키 ❾ じ(か)ん 지캉 ❿ (し)んぱ(い) 심파이

탁음, 반탁음, 요음

여기까지 여러분들은 ひらがな를 배웠습니다.

그런데 히라가나는 여기서 끝이 아닙니다. 탁음, 반탁음, 요음이 또 있습니다. 지금까지 배운 히라가나는 모두 청음입니다. 청음(清音)이란 '소리가 깨끗하게 나는 것'을 말합니다. 그럼 탁음과 반탁음, 그리고 요음은 도대체 뭘까요?

탁음(濁音)

탁음이란 か, さ, た, は행의 글자 오른쪽 위에 점 두 개(゛)를 붙인 글자를 말합니다. 성대를 울려서 발음하기 때문에 탁하게 들린다고 해서 탁음이라고 합니다. 그럼 바뀌는 문자를 모두 모아봅시다.

か행	か→が	き→ぎ	く→ぐ	け→げ	こ→ご
	카[ka]→가[ga]	키[ki]→기[gi]	쿠[ku]→구[gu]	케[ke]→게[ge]	코[ko]→고[go]
さ행	さ→ざ	し→じ	す→ず	せ→ぜ	そ→ぞ
	사[sa]→자[za]	시[si]→지[zi]	스[su]→즈[zu]	세[se]→제[ze]	소[so]→조[zo]
た행	た→だ	ち→ぢ	つ→づ	て→で	と→ど
	타[ta]→다[da]	치[chi]→지[zi]	츠[tsu]→즈[zu]	테[te]→데[de]	토[to]→도[do]
は행	は→ば	ひ→び	ふ→ぶ	へ→べ	ほ→ぼ
	하[ha]→바[ba]	히[hi]→비[bi]	후[hu]→부[bu]	헤[he]→베[be]	호[ho]→보[bo]

여기서 눈여겨봐야할 것은 청음에서 탁음이 되는 행은 か, さ, た, は행에만 해당된다는 것입니다. 그리고 발음 기호를 보면 아시겠지만 탁음이란 청음에서 음이 탁해진다는 것으로 한 번 읽어보시면 이해가 가시죠?

반탁음(半濁音)

두번째로 반탁음입니다. 반탁음은 청음과 탁음의 중간음입니다. 청음에서 동그라미 점(˚) 하나가 글자 위에 붙으면 반탁음이 됩니다. 이것은 딱 하나 は행에서만 이루어집니다.

は행	は→ぱ	ひ→ぴ	ふ→ぷ	へ→ぺ	ほ→ぽ
	하[ha]→파[pa]	히[hi]→피[pi]	후[hu]→푸[pu]	헤[he]→페[pe]	호[ho]→포[po]

요음(拗音)

마지막으로 요음입니다. 요음은 き, ぎ, し, じ, ち, に, ひ, び, ぴ, み, り 뒤에 작은 ゃ, 작은 ゅ, 작은 ょ를 넣은 것으로, 한 음절로 발음되는 소리입니다.

きゃ	きゅ	きょ
캬[kya]	큐[kyu]	쿄[kyo]
ぎゃ	ぎゅ	ぎょ
갸[gya]	규[gyu]	교[gyo]
しゃ	しゅ	しょ
샤[sya]	슈[syu]	쇼[syo]
じゃ	じゅ	じょ
쟈[zya]	쥬[zyu]	죠[zyo]
ちゃ	ちゅ	ちょ
챠[cha]	츄[chu]	쵸[cho]
にゃ	にゅ	にょ
냐[nya]	뉴[nyu]	뇨[nyo]
ひゃ	ひゅ	ひょ
햐[hya]	휴[hyu]	효[hyo]
びゃ	びゅ	びょ
뱌[bya]	뷰[byu]	뵤[byo]
ぴゃ	ぴゅ	ぴょ
퍄[pya]	퓨[pyu]	표[pyo]
みゃ	みゅ	みょ
먀[mya]	뮤[myu]	묘[myo]
りゃ	りゅ	りょ
랴[rya]	류[ryu]	료[ryo]

문화코드 10

和의 세상

아시아에서 가장 먼저 근대화에 성공했다고 하나, 일본인은 한편으로 유난히 일본식을 강조합니다. 일본은 대외적으로 日本을 '니혼' 또는 '닛폰'이라고 부르지만, 자신들 스스로에 대해서는 '와(和)'라고 부른다는 것은 앞서 설명했습니다.

이 和는 한편으로 반지처럼 둥그런 원 같은 개념으로 그들만의 조직을 뜻하기도 합니다. 유럽의 중세 상인 모임인 길드처럼 일본에서도 座라 해서 그들만의 조직이 있었습니다. 긴자(銀座)라 하면 은을 만드는 곳의 상인 조직이 있었음을 유추할 수 있죠.

일본 사람들은 和를 최고의 덕목을 치면서, 다른 사람에게 피해를 주는 迷惑나 방해가 되는 邪魔를 가장 안 좋은 행동으로 칩니다. 죄송하다고 하는 "스미마셍"도 결국 피해(迷惑)를 끼치거나 방해(邪魔)를 준 것에 대한 사과의 뜻이 담긴 말입니다.

지난 7월 말, 라면 마니아라면 다섯 손가락 안에 손꼽는 도쿄의 유명한 라면점 로쿠린샤(六厘舍) 본점이 폐점하게 되었다고 합니다. 이 로쿠린샤는 걸쭉한 국물에 우동만한 굵은 면발이 특징인 츠케멩(국물에 찍어먹는 라면)으로 잡지, TV를 통해 화제의 라면집으로 소개되면서, 영업 시작 전부터 수십 명이 기다리는 맛집으로 유명했습니다. 그런데 로쿠린샤가 유명해지면서 가게 앞에는 언제나 기다리는 손님들로 장사진을 이루게 되었고, 이 때문에 근처 주민들은 "통행에 방해(邪魔)를 준다"며 항의를 했습니다. 로쿠린샤는 결국 "더 이상 근처 주민에게 피해(迷惑)를 끼쳐서는 안 된다"는 생각으로 본점임에도 불구하고 폐점이라는 조치를 취했습니다. "장사만 잘되면 그만이지"라고 생각할 수도 있지만, 이 가게 주인은 이렇게 하는 것이 일본식이라고 생각을 했을 것이고, 더 길게 장사를 할 수 있다는 확신이 서서 그런 결단을 내렸을 것입니다.

일본에서는 주위 사람에게 피해를 끼치면 안 된다는 것이 하나의 불문율로 자리 잡아 전철 및 버스에서 전화 통화를 하지 않고, 길을 가다가 누군가와 부딪히면 반드시 사과하며, 엘리베이터를 탔을 때도 몇 층인지를 물어본 뒤 층을 눌러 줍니다. 사회라는 큰 틀에서 보자면 이 和는 윤활유 같은 존재입니다.

그러나 이 和는 동전의 양면과도 같습니다. 즉, 문제가 있더라도 침묵을 하게 되거나, 자신이 직접적으로 피해를 주지 않는 한 보다 확장된 세계에 대해서는 무관심해진다는 것입니다. 또한, 괜히 이야기했다가 상대방의 기분을 상하게 하지 않을까 하는 마음에 아예 남의 일에는 끼어들려 하지 않으려는 경향이 있습니다.

태평양전쟁 당시 자살특공대를 고안한 일본 해군 사령부는 분명 그것이 비인도적이고 무모한 작전임을 알았음에도 불구하고 회의에서 승인을 내립니다. 당시 상황에서는 그 누구도 "NO!"라고 제동을 걸 수 없는 '꺼림칙한 침묵'이 존재했기 때문입니다.

지난 6월 말, 아이들을 집에 방치하고 한 달간 집을 비워 굶겨 죽인 사건도 무관심과 섣불리 개입하기 싫어하는 일본인이 만들어 낸 비극이기도 합니다. 가장 큰 책임은 아이들을 버리고 방치한 엄마입니다. 하지만, 밤마다 엄마를 찾는 아이들의 울음소리를 인터폰을 통해 같은 맨션에 사는 많은 주민이 들었습니다만, 아동센터에 신고를 한 사람은 단 한 명뿐이었다고 합니다. 또한, 신고만 했을 뿐 아무도 그 일에 관여하려고 하지 않았습니다. 괜히 간섭했다가 자칫 아이 엄마의 기분을 나쁘게라도 하면, 그것이 오히려 남에게 피해(迷惑)를 주는 것이라고 생각했기 때문입니다.

이렇게 和는 일본 사회의 핵심이 되는 작동 원리이면서, 和(자기들만의 세계) 밖에 있는 사람은 외면하게 하는 이중적인 개념이기도 합니다.

PART 2

가 타 카 나
カタカナ

01 가타카나 개요

지금껏 히라가나와 간단한 문법을 배웠습니다. 이걸로 어느 정도 일본어 기초가 생겼다고 자부를 할 수 있겠는데요. 우선 히라가나와 문법만 알면 기초적인 대화는 됩니다. 그런데 다음 그림을 봅시다.

일본 포털 사이트 1위 야후 재팬 메인 화면입니다.

잘 보시면 3분의 1 정도는 カタカナ로 표기가 되어 있습니다. 그리고 나머지 3분의 1은 한자군요. 그러고 보면 히라가나가 가장 적은 것 같네요. 하나만 더 볼까요.

야후 메인 중간에 있는 각종 카테고리입니다. 한자와 가타카나만 보이는 군요. 아~ 절망이 더 깊어집니다. 지금까지 열심히 히라가나와 문법을 공부하고 왔는데, 이제 와서

보니 일본 웹사이트 하나 제대로 읽을 수가 없군요.

그러나 걱정 마십시오. 외우면 되지 않습니까. 히라가나처럼 일일이 설명할 필요도 없습니다. 이미 대충 일본어가 어떻게 굴러가는 것을 아셨기 때문이죠.

이 가타카나는 히라가나와 같은 음을 가지고 표기만 다르게 하는 문자입니다.

가타카나를 쓰는 원칙은 크게 두 가지입니다.

첫째, 외래어일 경우입니다.

야후재팬에 유독 가타카나가 많은 이유는 외래어가 그만큼 현대 생활에서 광범위하게 쓰인다는 것이죠. 요즘 인기를 끌고 있는 블로그를 일본어로 표기하면 뭘까요. 중국어는 한자로 이것을 변환해서 고유어처럼 쓰고 있지만, 일본어는 가타카나로 표기해서 고유어와 약간 차이를 둡니다. blog는 ブログ가 되겠습니다.

둘째, 한자로 표기하기 귀찮거나 강조할 때 가타카나로 표기합니다.

綺麗 예쁘다 → キレイ
凄い 대단하다 → スゴイ

이처럼 가타카나는 히라가나나 한자를 보완하는 열등한 존재가 아니라 당당하게 일본어의 한 자리를 차지하고 있는 하나의 글자입니다. カタカナ가 이렇게 광범위하게 쓰이고 있음에도 불구하고, 한국에서는 カタカナ를 지나치게 무시하는 경향이 있습니다.

가타카나는 명사를 표기할 때만 주로 쓰이고 조사나 서술형 어미로는 쓰지 않습니다. 문장 전체를 カタカナ로 표기했다면, 그건 외국인이 일본어를 한다거나 또는 아주 어색하다는 느낌이 나는 경우를 표현할 때입니다.

　カタカナ로 표기하는 단어들은 실생활에서 한자나 히라가나로 표기하지 않는 것이 대부분입니다. 그러나 외래어(주로 영어)를 표기하는 문자라서 장음 표기가 많고, 영어 단어를 원어에 가깝게 표기했다 하더라도 발음은 실제 영어와는 다른 일본식 발음입니다. 가타카나로 쓰는 단어를 틀리게 발음하면 일본인과 의사소통이 되지 않습니다. 예를 들어, 일본에서는 맥주를 한자나 히라가나로 표기하지 않습니다. beer를 ビール라고 합니다. 발음도 '비-루'로 늘여서 발음해야지 '비루'로 짧게 발음하면 building을 뜻하는 가타카나 ビル로 알아듣습니다.

　따라서 カタカナ로 표기된 것은 영어라기보다 일본어라는 생각을 가지고 외우는 것이 좋습니다. 이것만 알아도 야후재팬을 읽을 수 있습니다.

　그럼 어떻게 외울까요. 가타카나는 명사를 중심으로 해서 덩어리로 외우는 것이 좋습니다. 앞으로 설명할 가타카나에는 문법이 없습니다. 단어만 이야기하겠습니다. 무엇보다 해당 단어에 맞는 글자 모양을 덩어리로 외우세요.

　발음은 우리말로 적습니다. 장음이 많아서 장음 발음에 익숙해져야하기 때문이지요.

　자, 그럼 출발합니다.

カタカナ | 가타카나

	ア단	イ단	ウ단	エ단	オ단
ア행	ア 아[a]	イ 이[i]	ウ 우[u]	エ 에[e]	オ 오[o]
カ행	カ 카[ka]	キ 키[ki]	ク 쿠[ku]	ケ 케[ke]	コ 코[ko]
サ행	サ 사[sa]	シ 시[si/shi]	ス 스[su]	セ 세[se]	ソ 소[so]
タ행	タ 타[ta]	チ 치[ti/chi]	ツ 츠[tu/tsu]	テ 테[te]	ト 토[to]
ナ행	ナ 나[na]	ニ 니[ni]	ヌ 누[nu]	ネ 네[ne]	ノ 노[no]
ハ행	ハ 하[ha]	ヒ 히[hi]	フ 후[hu/fu]	ヘ 헤[he]	ホ 호[ho]
マ행	マ 마[ma]	ミ 미[mi]	ム 무[mu]	メ 메[me]	モ 모[mo]
ヤ행	ヤ 야[ya]		ユ 유[yu]		ヨ 요[yo]
ラ행	ラ 라[ra]	リ 리[ri]	ル 루[ru]	レ 레[re]	ロ 로[ro]
ワ행	ワ 와[wa]				ヲ 오[wo]
			ン 응[n]		

02 아르바이트

발음 あ, a

アルバイト あるばいと/아루바이토

먹고살기 위해서는 アルバイト가 필수죠? 한국에서는 아르바이트를 줄여서 '알바'라고 하는데, 일본에서는 バイト 바이토라고 합니다. 보통 시급은 東京 とうきょう는 900엔부터 시작하나, 고등학생은 더 낮습니다.

◀ アルバイト募集 ぼしゅう
롯데리아 아르바이트 모집 안내입니다.

アパート あぱーと/아파-토

일본에는 전세가 없으므로 賃貸(ちんたい)アパート(임대주택)를 빌려야 합니다. 일본에서 목조 건물은 アパート^{아파-토}라고 합니다. 그렇다고 한국의 아파트를 생각하시면 오산입니다. 왜냐하면 나무로 지어졌기 때문이죠.

우리의 아파트에 해당하는 집을 원한다면 マンション^{만숀}을 찾아야합니다. マンション은 철근 콘크리트로 지어졌습니다. 그래서 地震(じしん)이 나도 피해가 アパート보다 적지요.

▲ アパマンショップ ^{아파만숍푸}
アパート의 アパ와 マンション의 マン, 가게를 뜻하는 숍(shop)의 ショップ를 합쳐 만든 부동산 회사입니다.

アニメ あにめ/아니메

애니메이션은 원래 アニメーション^{아니메-숑/animation}으로 표기했습니다만, 일본어 특유의 줄이기로 アニメ만 씁니다. 정석대로 했다가는 회화할 때 못 알아듣습니다.

03 인터넷

발음 い, i

イギリス いぎりす/이기리스

영국을 의미하는 English에서 받침을 다 빼버리고 혀 가는 데로 발음하면 됩니다.
잉글리쉬 → 이그리쉬 → イギリス, 이건 영어가 완전히 일본어가 됐습니다.

▲ 일본 여행사 팸플릿에 있는 イギリス. 위에서부터 차례로 오스트리아, 헝가리, 스위스, 러시아, 모로코가 적혀 있습니다.

▲ ポイ捨てNO. 도쿄의 신주쿠나 이케부쿠로 등 번화가에 가면 ポイ捨て禁止라는 표지판을 많이 보게 됩니다. 여기서 ポイ捨てる는 길 가면서 피던 담배를 '뽀이-(우리말로 쑹-)'하고 아무데나 버리는(捨てる) 것을 말합니다. 위 표지판은 노상 흡연 및 길에 담배를 버리는 행위를 금지한다는 뜻이죠.

インターネット いんたーねっと/인타ー넷토

회화에서는 줄여서 ネット라고 하나, 보통 일본의 만화 카페나 인터넷 카페의 안내말에는 インターネット라고 제대로 적혀 있습니다. インタネット가 되지 않도록 ター에 주의하세요.

04 울트라맨

발음 う, u

ウォーター うぉーたー/우오-타-

water를 가타카나로 적은 것으로 물을 뜻합니다. 보통 물은 みず이지만, 종종 쇼핑몰의 푸드코트 등에 이렇게 표시되어 있기도 하고, 아래 사진처럼 특별한 음료를 뜻하기도 하죠.

▼ カルピスウォーター かるぴすうぉーたー/카루피스우오-타- 칼피스워터
칼피스란 일본에서 인기 있는 우유소다 음료 이름입니다.

ウルトラマン うるとらまん/우루토라망

울투라맨입니다. 일본어는 받침이 없이 모음으로만 끝나서 울트라맨도 이렇게 우루토라망으로 되어버리는데, 일본인들이 이걸 더 편해합니다. 우루토라망, 한글로 적으니 무슨 뜻인지 도통 모르겠죠?

ダウン だうん/다운

영어 down의 가타카나 표기입니다. down은 떨어지다, 내려가다, 나가떨어지다 등 여러 가지 뜻이 있습니다.

▼ プライスダウン ぷらいすだうん/푸라이스다운
  자판기 음료 가격을 100엔으로 내렸다는 것을 강조하고 있습니다.

05 엘리베이터

エ エ エ エ

발음 え, e

한국 사람은 영어의 a를 '에이'라고 발음하지만, 일본인은 a를 '에-'라고 읽습니다. 예를 들면, 学生(がくせい)는 '가쿠세이'인데 실제로는 '가ㅋ세-'로 발음합니다.

'에이'를 '에-'로 발음하니, 한국 사람으로서는 이것이 영어의 e를 말하는 것인지 a를 말하는 것인지 헷갈릴 때가 있습니다. e와 a의 차이는 발음이 단음(e)이냐 장음(a)이냐로 구별합니다. 이렇듯 일본어에서는 장음 발음이 매우 중요합니다.

エレベーター えれべーたー/에레베-타-

elevator. 한국에서는 '엘리베이터'로 발음하지만 일본에서는 발음 기호와 상관없이 알파벳 표기 그대로 읽는 경향이 강합니다. 따라서 한글로 표기해보면 '에레베-타-'라고 합니다. 뒷부분도 확실히 늘여줘야 합니다. 일본식으로 변형된 영어 발음이라고 해야겠죠.

일본 エレベーター는 지진이 나면 바로 멈추는 기능이 있습니다. 지진이 워낙 자주 일어나는 곳이니 그것에 굉장히 민감하죠.

▲ エレベーター 엘리베이터

エスカレーター えすかれーたー/에스카레-타-

에스컬레이터. 이것도 れい가 レー로 장음화된다는 것을 알 수 있습니다.

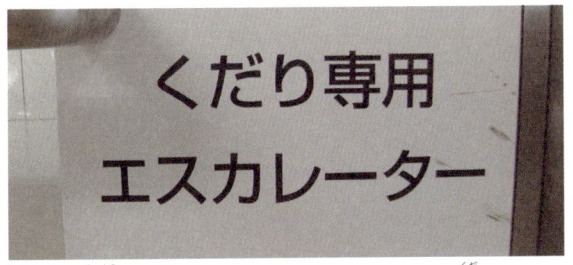

▲ くだり専用エスカレーター 내려가기 전용 에스컬레이터. 下りは 내려가기, 上りは 올라가기

06 오토바이

발음 お, o

オープン おーぷん / 오-풍

새로 가게를 열거나, 새로운 게임기를 들여놓고 손님을 끌 때 씁니다. 오-로 장음이라는 점 주의하세요.

▼ グランドオープン ぐらんどおーぷん / 그란도오-풍 그랜드 오픈
  새로운 기종의 게임기를 대량 도입해서 가게를 오픈했다는 뜻입니다.

オートバイ おーとばい/오-토바이

우리말의 '오토바이'는 일본에서 건너온 콩글리시입니다. 영어로는 motorcycle이라고 하죠. 실제 일본 젊은이들은 オートバイ란 말보다는 バイク란 말을 더 많이 씁니다.

ビデオ びでお/비데오

이제는 DVD에 밀려 비디오가 점점 자취를 감추고 있지만, 도심에는 여전히 비디오 감상실이 있습니다.

▼ DVD & ビデオ鑑賞 DVD 및 비디오 감상

문화코드 11

아르바이트와 워킹푸어

한때 일본에서는 아르바이트만 해도 먹고살 수 있다는 이야기가 있었습니다. 이른바 프리터! 자기가 하고 싶은 일을 하면서도 생활비는 아르바이트로 벌 수 있다는 것이죠. 그러나 이것도 이제 먼 옛이야기가 됐습니다. 요즈음 대다수 일본 기업은 신입 사원을 뽑을 때 대학을 갓 졸업한 사람이 아니면 뽑지 않습니다. 따라서 대학을 졸업하고 나서 곧바로 취직하지 않으면 회사에 들어가기가 매우 어렵습니다.

불경기로 중·장년층의 은퇴가 늦어지고 있고, 일본 젊은이들이 정규 직원으로 일할 수 있는 기회가 줄어들면서, 아르바이트만으로 생활하는 이른바 프리터의 숫자는 2009년 현재 178만 명에 달한다고 합니다. 이들 중에는 자발적으로 프리터를 선택한 사람도 있겠지만, 앞서 얘기한 대로 정규직으로 취직하고 싶어도 안 되어 할 수 없이 아르바이트를 하는 사람도 많습니다.

일본 거리를 돌아다니다 보면 시간당 950엔으로 아르바이트를 모집하는 패스트푸드점이나 음식점이 많은데, 그 정도 시급이면 충분히 생활이 가능하지 않느냐고 할 수도 있습니다. 그러나 학생이라면 몰라도 그 외의 사람은 아르바이트만 해가지고 안정적으로 생활한다는 것은 불가능합니다. 오히려 정규 직원이 되지 못한 사람은 아르바이트나 파트타임을 반복하다 빈곤층의 나락으로 빠지기가 더 쉽죠.

일을 해도 빈곤층에서 벗어나지 못하는 근로 빈곤층, 일명 '워킹푸어(working poor)'가 2007년 시점으로 추계 641만 명에 달하고 있습니다. 여기서 빈곤층이란 소득이 표준 세대의 절반에 해당하는 것을 말하는데요. 아무리 아르바이트로 벌어봤자 정규

직의 다양한 보장(보너스 및 사회보험 등)을 넘어설 수는 없죠. 워킹푸어 문제는 전 세계 선진국의 공통된 현상이기도 합니다만, 일본에서는 2001년 4월 고이즈미가 집권한 후로 더욱 심화되었습니다.

보다 본질적인 문제는 '잃어버린 20년', 즉 오랫동안 계속되는 디플레이션으로 일자리가 줄면서 일하는 젊은이 숫자가 점점 줄고 있다는 사실입니다. 일본의 15~24세 젊은이 중 직업이 없는 사람은 2009년 515만 명으로 10년간 약 200만 명에 가까운 인원이 줄었습니다. 이는 젊은층의 노동력이 '황금알을 낳는 거위'로 불렸던 고도성장 시기와 비교하면 거의 절반 가량 줄어든 수치입니다. 25~34세 취업자 수도 48만 명 줄어든 1260만 명을 기록했습니다.

일하는 젊은이가 이처럼 줄고 있는 원인으로 일본 언론은 저출산과 고학력화를 들고 있습니다. 고질적인 문제였던 낮은 출산율은 차치하더라도, 젊은층의 고학력화는 최근 들어 일본에서 급속히 떠오른 현상입니다. 이 또한 취업하기 어려운 현재의 일본 경제 상황과 떼려야 뗄 수 없는 관계죠.

젊은이와 관련해 일본 사회의 또 다른 문제점은 바로 니트족입니다. 니트(NEET)란 수입이 없는 무직자를 가리키는 말로 부모의 경제력에 기대어 살거나, 일할 의욕이 없는 사람을 말합니다. 그 동안 보통 '니트'라고 하면, 20대 초반을 지칭하는 경향이 강했는데, 어느새 이들도 나이를 먹어서 현재 니트 연령층 중에는 30대 전후가 가장 많아졌습니다.

일본 정부가 발표한 〈청소년백서〉에 따르면 "2008년 일본 전체 니트족 수는 64만 명 정도로 2002년과 별로 차이가 없지만, 2002년 당시와 비교했을 때 15~24세의 니트족은 26만 명으로 3만 명이 감소한 반면, 25~34세의 이른바 30대 전후 니트족은 38만 명으로 3만 명이 증가했다"고 합니다. 일본 경제의 화려했던 과거는 어느새 사라지고, 일본 젊은이들도 정규 직원으로 일하지 않는 한 언제든지 워킹푸어로 전락할 위험에 있습니다. 니트족 또한 은퇴하기 시작하는 부모님의 경제력에 언제까지 기댈 수 없는 노릇이어서 여전히 일본 사회의 골칫거리로 남아 있습니다.

07 카메라

カ フ カ

발음 か, ka

カメラ かめら/카메라

일본에 여행 가면 이 글자가 가장 눈에 들어옵니다. 니콘, 캐논 등이 주름잡고 있는 카메라 왕국 일본에서 カメラ는 전자업계의 주요 目玉商品(めだましょうひん)입니다.

▼ 전자제품 양판점 빅쿠 카메라

カレンダー かれんだー/카렌다

한국에서는 '캘린더(calendar)'란 말 대신 '달력'이라는 말을 더 많이 쓰지만, 일본에서는 오로지 カレンダー만 씁니다.

カード かーど/카도

바야흐로 신용카드, 캐시카드 없이 살 수 없는 시대죠. 일본은 신용카드 뿐 아니라 각 가게별 포인트 카드도 발달되어 있습니다. 이 カード는 '카아도'라고 길게 발음해야 합니다. 그렇지 않고 '카도'로 짧게 발음하면 모서리를 뜻하는 角가 되니까 주의하세요.

▶ 本日よしやカード ポイント5倍

오늘 요시야 카드를 쓰면 포인트를 5배 드립니다. 단, 쌀과 술은 제외합니다.

08 기린

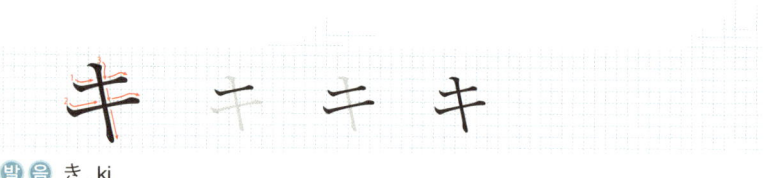

발음 き, ki

キリン きりん/키링

혹시 기린이 우는 소리를 들어본 적이 있으신가요? 도쿄 우에노 동물원 안에 이런 안내판이 있었습니다.

キリンの鳴(な)き声(ごえ)聞(き)けたかな? 기린의 울음소리 들었어?

キャンセル きゃんせる/캰세르

취소를 뜻하는 cancel(캔슬)의 일본어로 取り消し와 함께 많이 쓰입니다. 전철표 등을 잘못 사서 취소할 때는 とりけし를 쓰지만, 예약 등을 취소할 때는 キャンセル를 더 많이 씁니다. 실제 발음은 '캰세르'보다 '키얀세르'로 각 글자가 다 하나씩 발음이 됩니다.

ご予約のキャンセルですか? 예약 취소입니까?

キャッシュカード きゃっしゅかーど/캿슈카-도

cash card. 한국에서는 '현금카드'라고 쓰는데, 일본에서는 現金カード란 말보다 キャッシュカード란 말을 더 많이 씁니다.

キャンペーン きゃんぺーん/키얀페-엔

캠페인. 최근 일본에서는 경제 불황 때문에 옷가게 등에서 下取キャンペーン을 많이 실시합니다. 下取란 기존에 쓰던 물건 중에서 불필요한 것을 가지고 오면 적당한 값을 쳐줄 테니 대신 자기 가게 물건을 사달라는 판매전략을 뜻합니다.

▲ 남자 양복 5,000엔 할인, 남자 셔츠 및 넥타이 1,000엔 할인, 신발 1,000엔 할인, 여성 정장 2,000엔 할인.

09 퀄리티

발음 く, ku

クオリティ くおりてぃ/쿠오리티

이 단어는 이른바 '문제단어'입니다. quality(퀄리티)를 뜻하는 말인데, 일본어가 모음으로 끝난다고 해서 'ㄹ'을 빼고 '쿼리티'로 발음하면 일본 사람들이 못 알아듣기 때문이지요. 우리말은 이중모음이 발달되어서 'ㅝ'라는 발음이 자연스러운데, 일본어는

▼ 動物クイズ. 何を食べているのかな? 동물 퀴즈. 무엇을 먹고 있을까?
각 동물 앞에 어떤 것을 먹는지 아이들을 위한 퀴즈 안내판이 달려 있습니다.

따로따로 구분해서 말해야 합니다. 즉, '퀄리티'는 '쿠오리티'라고 ク와 オ 각 모음을 확실하게 발음해줘야 합니다. '퀄리티'와 같은 의미로 質란 단어도 많이 쓰입니다. 영어 단어를 일본에서 쓸 때는 일본식 가타카나 발음을 제대로 해주지 않으면 못 알아들으니 주의하시기 바랍니다.

クイズ くいず/쿠이즈

퀴즈(quiz)를 뜻하는 이 말도 '퀴즈'라고 발음하면 안 되고 '쿠이즈'라고 해야 합니다.

キャラクター きゃらくたー/캬라쿠타-

이것도 '캐릭터'로 발음하면 못 알아듣습니다. '캬라쿠타'라고 받침을 확실히 떼어서 발음해야죠.

실제로는 줄여서 キャラ라고 많이 씁니다. 요즘에는 アニメ, マンガ 등이 주요 대중문화 상품이어서, 이 キャラ의 중요성도 무시 못 합니다.

クラブ くらぶ/크라부

한국에서는 한참동안 무슨무슨 구락부로 많이 쓰였죠. 이것도 일본에서 들어온 것인데, 俱樂部는 한자에서 クラブ라는 음만 따와서 club을 일본어식으로 읽은 것에 불과합니다. 따라서 한국에서는 '구락부'라고 쓸 필요가 없고 그냥 '클럽'이라고 하면 됩니다.

▶ クリーニング くりーにんぐ/쿠리-닝구
cleaning, 즉 세탁소를 뜻합니다. 하얀 와이셔츠부터 모포까지 가격이 적혀 있습니다.

❿ 가라오케

발음 け, ke

ケーキ けーき/케-키

제가 어렸을 때는 '아이스케키'라는 말을 많이 들었습니다. 일본어를 배우고 나서 이 뜻을 정확하게 알게 되었는데, '아이스'는 アイス이고, '케키'의 ケーキ는 케이크, 즉 '얼린 케이크'라는 뜻입니다. 지금은 '아이스케키'라는 말을 쓰는 사람이 없지만, 일본은 여전히 케이크를 ケーキ라고 합니다. 이것도 장음이 있으므로 '케키'라고 하면 안 되고 '케-키'라고 해야 합니다.

▼ クリスマスケーキご予約 承っております! 크리스마스 케이크 예약받고 있습니다! 承る는 (주문・예약 등을) 받는다는 겸양어

ケータイ けーたい/케-타이

휴대폰. 휴대를 뜻하는 携帯를 읽으면 けいたい 라고 하는데, 요즘에는 주로 가타카나로 많이 씁니다. 어라, 이것은 외래어가 아닌데? 예, 携帯란 한자가 쓰기 복잡하고, けいたい 라는 히라가나보다 멋있어 보이니, 너도 나도 ケータイ 라고 적습니다. 심지어 광고에서도요. 가타카나를 처음 시작할 때 이야기했듯이 외래어 뿐 아니라 한자로 표기하기 싫을 때 가타카나를 씁니다.

カラオケ からおけ/카라오케

한국말로 노래방. 일본어로는 카라오케. 일본 사람도 가라오케 가는 것을 매우 좋아해서, 도심에 가면 カラオケ 라고 쓰인 간판을 쉽게 볼 수 있습니다. 가격은 방 하나 당 얼마가 아니라, 사람 당 얼마씩 받기 때문에 여럿이 가면 상당한 금액을 내야 합니다. 일본 가라오케는 술도 팝니다.

11 컴퓨터

コ コ コ

발음 こ, ko

コンピューター こんぴゅーたー/콤퓨―타―

한국에 컴퓨터가 처음 들어왔을 때 발음이 '콤퓨타'였죠. 일본을 거쳐서 들어왔기 때문입니다. 그 후에는 다시 '컴퓨터'로 영어 원음에 가깝게 표기가 되었는데, 일본은 여전히 コンピューター입니다. 하지만 개인용 컴퓨터의 경우는 コンピューター

▼ コロッケ ころっけ/코롯케 고로케입니다.

대신에 パソコン^{파소콘}이라고 씁니다. '퍼스널 컴퓨터'를 줄여서 '퍼스컴'이라고 하는 거죠. 일본어는 カタカナ를 줄이는데도 도사입니다.

コンビニ こんびに/콤비니

일본 생활의 필수처 コンビニ. 이것은 편의점을 뜻하는데요, convenience store 를 줄여서 '콤비니'라고 합니다.

コミック こみっく/코믹쿠

漫画(망가)를 뜻하는 comic을 コミック라고 합니다. 만화 전반을 이야기할 때는 マンガ란 말을 많이 쓰고, コミック는 주로 단행본을 지칭하는 경우가 많습니다. 日本은 그러고 보니 コミック왕국이죠.

▶ コミックレンタルはじめました。 코믹 렌탈 시작했습니다. 일본의 영화, 드라마 대여 체인점인 츠타야(TSUTAYA)의 한 지점에서 만화도 빌려주기 시작했다는 안내 문구입니다.

문화코드 12

휴대폰과 통화 예절

전 국민 휴대폰 시대. 휴대폰은 진화를 거듭해 이제는 스마트폰으로 변모했습니다. 혜성처럼 등장한 애플의 아이폰은 생활 습관까지 바꾸고 있습니다. 그럼에도 휴대폰의 기본은 전화 통화입니다. 휴대폰은 특성상 언제 어디서 연락이 올지 모릅니다. 따라서 전화 예절도 중요한데요. 일본의 휴대폰 예절은 어떤지 한 번 살펴볼까요.

1. 전화를 걸 때

일본 사람들이 전화를 걸면 늘 듣는 말이 있습니다.

今、大丈夫ですか。 이마, 다이죠우부데스카. 지금 괜찮아요?

아는 사람이든 모르는 사람이든, 일단 전화를 걸면 상대가 전화를 받아도 되는 상황인지 꼭 확인을 합니다. 그래서 조금 곤란한 상황이라고 답하면 바로 끊습니다.

2. 전화를 받을 때

일본 사람이 전화를 받고, 아는 사람이라면 가장 먼저 하는 말이 있습니다.

あ、どうもどうも。 아, 도우모 도우모. 아, 감사합니다.

여기서 "도우모"는 "감사합니다"라는 말의 줄임말입니다. 오랜만에 전화를 한 경우 더욱 그렇습니다. 이 표현은 상대가 자기에게 전화를 해주어서 고맙다는 인사치레이긴 한데, 들어서 기분 나쁠 것은 없겠죠. 그 다음 이야기를 자연스럽게 이어주는 촉매제 역할을 하게 되니까요.

3. 전화를 끊을 때

용건이 끝나고 전화를 끊을 때도 꼭 하는 말이 있습니다.

すみません、失礼します。 스미마셍. 시츠레이시마스. 스미마셍, 실례하겠습니다.

여기서 "스미마셍"은 "미안하다"는 뜻보다는 "고맙다"는 뜻입니다. 풀어서 쓰면 "당신이 하는 이야기를 잘 알겠고, 시간 내서 전화해줘서 고맙다. 그럼 이걸로 실례한다"는 것이죠. 때로 どうも 까지 동원되어서 どうも、すみません、失礼します 라고도 합니다.

이렇게 여러 차례 이야기를 해야만 전화 통화가 끝나기도 합니다. 그래서 상대가 전화를 끊기까지 "도우모 도우모 도우모……"를 반복하는 경우도 있습니다. 일본인은 상대에게 티끌 하나 미안한 느낌이 남지 않아야만 편하기 때문입니다.

이 외에 고객 응대 업무를 하는 사람의 경우는 휴대폰을 쓰는 것이 금지되어 있습니다. 휴대폰을 소지하고 일을 할 수가 없기 때문이죠. 저도 패밀리 레스토랑이나 음식점에서 종업원이 전화를 받거나 통화하는 것을 본 적이 없습니다.

회사에서는 약간 상황이 다릅니다. 손님을 접대하는 것과 달리 업무상으로 전화가 올 경우도 있으니까요. 그러나 개인적인 전화가 온다면 어찌 될까요. 대부분은 복도 등 밖으로 나가서 전화를 받습니다. 간단한 용건인 경우에도 주위 사람에게 개인적인 이야기가 알려지기를 꺼려하기 때문이죠. 무엇보다, 일본에서는 직장에서 일하는 시간에 사적인 용무로 전화를 하는 사람 자체가 별로 없습니다. 일본인은 알아서 되도록이면 그 시간을 피해 전화를 합니다.

사정이 이렇다 보니, 공공장소에서 개인적인 이야기로 휴대폰으로 떠드는 것 자체가 스트레스입니다. 전철과 비스에서는 암묵적으로 통화하는 것이 금지되어 있습니다. 지하철은 운행 중 전파가 아예 통하지 않죠. 그저 묵묵하게 메일을 보내거나 꼭 용건이 있으면 내려서 합니다. 휴대폰은 편리한 만큼 다른 사람에게 피해를 주지 않는 선에서 써야겠죠? 공적인 업무든, 사적인 업무든 말이죠.

⑫ 샌드위치

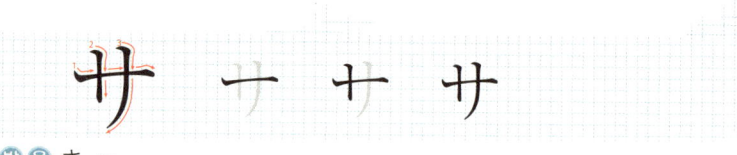

발음 さ, sa

サンドイッチ さんどいっち/산도잇치

처음에 샌드위치를 일본어로 말할 때 외래어니까 '산도위치'라고 대충 짐작해서 말했는데, 역시 틀렸습니다. サンド 다음을 '위'의 가타카나 표기인 ウィ가 아니라 발음하기 편한 イ로 씁니다. 게다가 ッチ ㅅ치로 받침까지 넣어주는 센스.

◀ ATM サービス. 편의점 ATM에서 현금 인출이 가능한 은행 리스트를 알려주는 안내판. '사ー비스'입니다. ^^;;

サービスセンター さーびすせんたー/사-비스센타-

언젠가 한국에서 후배가 와서 캐논 AS 센터가 어디 있냐고 물어보기에 찾아본 적이 있었습니다. 일본어를 할 줄 안다고 해서 모든 단어를 외우고 있는 게 아니니까 가끔은 적당하게 한국말로 직역해서 말하기도 합니다.

캐논 AS 센터는 직역하면, キャノンアフターサービスセンター(캬논 아후타-사-비스 센타-)입니다. 근데 곰곰이 생각해보니, 일본 살면서 일본 사람들이 '애프터'라는 말을 붙인 걸 들은 적이 없었습니다. 센터에 가보니, 역시 アフター라는 말은 쓰지 않더군요. 그냥 サービスセンター라고 합니다.

혹시 일본에 와서 AS 센터를 찾는다면 '에이에스 센터' 혹은 '아후타 사비스 센터' 이렇게 말하지 마시고, 修理センター 혹은 サービスセンター로 말씀해 주세요.

サイト さいと/사이토

일본에서는 웹 사이트는 ウェブサイト라고 하고, 휴대폰으로 볼 수 있는 사이트는 携帯サイト라고 합니다.

▶ 携帯サイト登場. 휴대폰 사이트가 생겼다는 도쿄의 한 닭꼬치집 광고. 사이트에 접속하면 캠페인(이벤트) 정보나 추천 안주, 새롭게 오픈한 점포 안내, 할인 서비스 등을 볼 수 있습니다.

⑬ 쇼핑

발음 し, si/shi

ショッピング しょっぴんぐ/숍핑구

쇼핑을 뜻하는 말로, shopping에서 p가 두 개니까 작은 ッ가 받침으로 들어가고 ing 발음은 ング로 되는 게 일본어 발음의 특징입니다.

같은 뜻으로 買い物란 말이 있습니다만, 이것은 우리말로 번역하면 '장보기' 정도 되겠습니다. 쇼핑은 デパート(백화점) 등에서 이것저것 살 때 쓰죠. 숍핑구! 발음하기도 어렵죠? 샤핑도 아니고……

シーフード しーふーど/시-후-도

해물 요리를 뜻합니다. sea food. 장음에 주의해야합니다. シー는 바다, フード는 음식.

▶ ヘルシア緑茶まろやか
헤루시아 녹차 마로야카

왼쪽 하단 ヘルシア녹차의 광고 문구 脂肪(しぼう)を消費(しょうひ)しやすくする를 직역하면 "지방을 소비하기 쉽게 한다"라는 말입니다. 이 말은 "지방을 쉽게 분해한다"는 뜻입니다. 체지방에 신경 쓰는 사람을 위해 나온 제품이라고 선전하고 있는 것이죠.

システム しすてむ/시수테무

시스템을 가타카나로 표기한 것. '구조'를 뜻하는 순 일본말은 仕組(しく)み라고 합니다.

▲ 早稲田大学大学院情報生産システム研究科(わせだだいがくだいがくいんじょうほうせいさんけんきゅうか) 와세다대학대학원 정보생산시스템연구과. 한자 위에 적어 놓은 히라가나를 읽으면서 한자 공부도 한 번 해보세요.

⑭ 슈퍼

발음 す, su

スーパー す-ぱ/수-파-

일본에서는 동네 가게를 '수-파-'라고 합니다. supermarket(슈퍼마켓)입니다. 아무튼 이 スーパー를 그냥 '수파'라고 하면 못 알아듣습니다. '수-파-'로 확실히 늘여줘야 합니다. ㅡ로 표기한 장음은 모양으로 있는 것이 아니라 실제로 그렇게 발음을 해

▼ 도쿄 근교의 筑波산 입구에 있는 안내도. 아사히 슈퍼 드라이 맥주 광고가 눈에 띕니다.

야 합니다. 장음이란 게 뭔지 참 힘들죠?

이 スーパー가 들어간 가타카나로 유명한 단어로는 일본의 유명한 맥주 브랜드 アサヒスーパードライ가 있습니다.

▲ ステーキ すてーき/스테-키
스테이크 요리를 파는 집입니다. 스테이크는 '스테-키'로 발음합니다. 참고로, 케이크는 '케-키'로 발음한다는 것에 주의하세요.

スポーツ すぽーつ/스포-츠

이것은 우리말 발음과 거의 비슷하죠. 스포츠. 단, 이것도 '스포-츠'라고 장음을 확실히 해줘야 합니다. 회사에서 직원 화합을 도모하기 위해 여는 체육대회. 체육대회는 일본어로 体育大会(たいいくたいかい)라고 합니다. 언젠가 '체육대회'가 화제가 되었을 때 일본인 동료에게 어렵게 '타이이쿠타이카이'로 이야기 했더니, 그는 간단하게 スポーツたいかい라고 짧게 이야기를 하더군요. 그때 어렵게 한자 쓰지 말고 カタカナ를 쓰자고 생각했지요.

▶ スタート すたーと/스타-토
スタート는 스타트(start)입니다. 월 기본 사용료 980엔부터 시작(start)한다는 NTT 도코모의 광고입니다.

⑮ 셀프 주유소

セ セ セ

발음 せ, se

セルフ せるふ/세루후

셀프(self) 주유소는 일반 주유소보다 가격이 쌉니다. 리먼 쇼크 이후 보다 싼 휘발유를 찾는 운전자들이 セルフ 주유소를 많이 찾았죠.

セット _{せっと/셋토}

일본은 라면집이든 패밀리 레스토랑이든 세트(set) 메뉴를 많이 준비해놓고 있습니다.

▲ 当店オススメ得セット

이것은 코라쿠엔이라는 라면집 앞에 있는 메뉴 안내판입니다. オススメ(おすすめ)는 추천 메뉴라는 뜻이고, 得는 득을 볼 수 있다는 뜻입니다. 즉, 이 안내판은 A세트, B세트 등 각종 세트 메뉴를 준비해 두었으니 그런 세트메뉴를 고르면 이득이라는 말입니다.

セブンイレブン _{せぶんいれぶん/세븐이레봉}

セブンイレブン. 일본의 편의점 1위 '세븐일레븐'입니다. 편의점은 앞서 배웠듯이 コンビニ! 체인점은 チェーン店이라고 합니다.

16 소시지

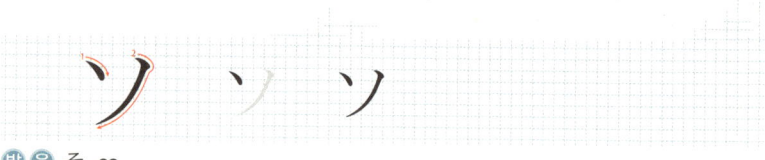

발음 そ, so

ソニー そにー/소니-

한때 전자제품 하면 Sony로 통하던 시절이 있었죠. 전 세계에 Sony란 영문으로 유명한데 일본어로 표기하면 ソニー가 됩니다. 지금은 サムスン(삼성)에 밀려 고전 중입니다.

◀ 自転車便(じてんしゃびん) ソクハイ
자전거로 택배를 하는 사람. ソクハイ는 자전거 택배 회사 이름으로 ソク는 속도를 뜻하는 速度(そくど)에서, ハイ는 택배를 뜻하는 宅配(たくはい)에서 따온 것으로 보입니다.

ソーセージ そーせーじ/소-세-지

소시지. '소세지'라고 짧게 발음하는 게 아니라, '소-세-지'라고 길게 해야 됩니다.

パソコンスクール ぱそこんすくーる/파소콘수쿠-루

パソコン은 パソナルコンピューター(퍼스널 컴퓨터)를 줄여서 만든 개인용 컴퓨터라는 뜻입니다. 앞에서 살짝 배운 적이 있을 겁니다. スクール가 들어가 있으니, 개인용 컴퓨터를 가르치는 교실입니다. 그러나 내용을 들여다보면, 오래된 ソフト 소후토/소프트웨어 중에서 불필요한 제품을 중고로 거래하거나, 고장난 컴퓨터를 수리하는 것이 주 업무로 보입니다.

문화코드 13

디플레이션과 샐러리맨

　경제대국 일본. 그러나 이름에 걸맞지 않게 천문학적인 재정적자, 엔고(円高), 디플레이션에 허덕이고 있습니다. 이 중에서 서민들은 물가가 싸져서 좋다는 디플레이션. 과연 그럴까요?

　우선 일본에서 겪은 디플레이션에 대해서 알아봅시다. 디플레이션은 갑자기 오는 것은 아닙니다. 어느 날부터 싼 물건이 시장에 많이 나옵니다. 그리고 인기가 높아집니다. 그러면 비슷한 가격대의 싼 물건들이 경쟁적으로 시장에 나오면서 전반적으로 물가가 내려가는 구조가 정착되게 됩니다. 옷이 그렇고, 가구가 그렇고, 술 등 음식점조차 손님을 끌기 위해서 가격을 내립니다.

　물론 무조건 물건이 싸지는 것은 아닙니다. 의류 전문 업체 유니클로나 생활용품 전문 업체 니토리 등 소매업에서 1위를 차지하는 곳은 엔고의 힘을 빌려 해외에서 자재를 싸게 구매하고 현지에서 조립하는 등 그 나름의 제조비용을 줄여서 값싼 물건을 만들어냅니다.

　소비자들도 가격은 저렴해졌지만 질이 꼭 떨어진 것은 아니니, 합리적인 경제행위라고 생각하면서 그런 제품 위주로 사게 됩니다. 업체 입장에서는 일단 손님을 끌려면 언론에서 주목을 해야 되니까 눈에 확 띄게 싼 것을 강조하고, 언론도 이왕이면 뉴스가 되는 것을 고르다 보니 엔고 환원 세일 등 저렴함을 대대적으로 보도합니다. 이렇게 값싼 물건이 히트상품이 되면서 더욱 주목을 받습니다.

　일본인의 '패스트푸드'라고 할 수 있는 규동(牛丼)도 최근에 심각한 가격 경쟁을 하고 있습니다. 대표적인 규동 체인인 스키야가 한 그릇에 250엔으로 내렸습니다. 우리 돈으로 약 3,000원 정도 되는 금액입니다. 물론 반찬이 딸려 있지 않지만 아르바이트 한 시간 시급이 900엔 정도라 할 때 지나치게 싼 가격이죠.

이렇게 기업도 소비자도 싼 가격으로 몰리면서 비싼 것은 더 이상 잘 안 팔리는 시대가 됩니다. 소비자로서 당장은 좋습니다. 비싼 것 보다는 싼 것이 좋으니까요. 그런데 이게 경제 전체로 보면 꼭 좋은 것은 아닙니다.

결국 물건을 만들어 파는 기업 입장에서는 수익이 하락하게 되고, 그러면 경비를 줄일 수밖에 없는 압력을 받게 됩니다. 기업 측에서 줄일 수 있는 것은 결국 인건비입니다. 이렇게 해서 고급을 상징했던 일본 백화점업계는 매출 부진으로 대규모 조기 희망퇴직을 실시했고, 전자 회사도 퇴직자 응모를 받고, 자동차 업계는 파견 사원의 계약 기간을 연장하지 않습니다.

싼 물건만 팔리는 시대는 임금 또한 하락합니다. 2009년 종업원 5인 이상 사업장의 월 평균 급여는 2008년에 비해 3.9% 감소한 31만5000엔이라고 합니다. 이는 조사를 시작한 1991년과 비교해보면 약 9%가 감소한 금액입니다. 결국 고용을 통해 소비를 촉진시켜야 할 기업이 구조 조정을 통해 실업자를 늘리고 임금을 낮추다 보니 가계는 더욱 더 소비를 줄이게 되고 싼 것만 찾게 됩니다. 악순환인 거죠.

그렇다면 디플레이션 시대, 일본 경제를 떠받치는 샐러리맨의 한 달 용돈은 얼마일까요. 〈신생 파이낸셜〉 잡지의 조사에 따르면, 평균은 4만600엔으로 하루 점심값은 500엔, 과거 10년간 최저 수준으로 나타났습니다. 용돈의 주요 사용처는 점심값, 취미, 회식비 순으로, 이 중 회식비는 4,190엔, 지난해에 비해 1,000엔 가까이 줄었습니다. 돈이 없다 보면 아무래도 저녁에 동료나 직장 선후배와 술 한 잔 하기도 꺼려지는 것이 사실이니까요. 일본 주부들은 그래서 여름·겨울 보너스를 받더라도 저축을 하거나 대출 상환 등의 생활비로 쓰겠다며 남편 용돈 제로(zero)를 선언하고 있습니다. 주부들의 이런 선언은 가뜩이나 주머니가 가벼운 일본 가장들을 더욱 우울하게 만드는 소식임에 틀림없습니다.

⑰ 도쿄 타워

발음 た, ta

東京タワー とうきょうたわー/토우쿄우타와ー

도쿄의 명물 東京タワー. 에펠탑을 본떠서 만들었다고 하는데, 롯폰기 힐즈가 새로 만들어지고, 도쿄도 청사 전망대가 무료로 개방되면서 도쿄 전망을 보러 東京タワー에 가는 사람은 그리 많지 않습니다.

◀ **タッチ** たっち/탓치
タッチ1秒、タッチしてください。 터치(touch) 1초, 터치해 주세요. 도쿄 지하철에서 교통카드 보급을 위한 안내판. 교통카드를 이용하면 1초 만에 개찰구를 통과할 수 있다는 내용입니다.

タイヤ 타이야/타이야

타이어는 タイア라고 하지 않고 タイヤ 타이야라고 합니다. 끝이 ア가 아니라 ヤ로 쓰이는 다른 단어는 헤어 '드라이어'가 있습니다. 이때 드라이어는 ドライア 도라이아가 아닌 ドライヤー 도라이야—라고 씁니다.

タクシー 타쿠시ー/타쿠시ー

택시. 일본은 이 タクシー 料金(りょうきん)이 사람 잡죠? 너무 비싸요. 택시 타는 곳은 タクシーのりば라고 합니다.

▶ 夏のスタミナ 스타미나/스타미나
여름 스태미나 보강! '소고기 스키야키풍 고기 소바'가 490엔, '검은 깨를 넣은 토로로 소바' 가 460엔

18 티켓

チ チ チ チ

발음 ち, ti/chi

チケット ちけっと/치켓토

ちを ひらがなで 쓰면 '피(血)'를 뜻하지만, カタカナ로 표기하는 발음은 영어의 ti입니다. 그래서 티켓은 チケット ちけっと/치켓토라고 합니다. 신주쿠역 등 부도심 중심가에 가면 格安チケット란 간판을 내건 가게가 있는데, 티켓(신칸센, 영화, 야간고속버스 등)을 통상 가격보다 싸게 파는 곳입니다. 여행사나 철도회사가 자사 회원들에게만 배부하는 회수권 티켓 등을 싸게 사들여 되파는 곳이지요.

◀ チケット売買
티켓 매매. 도쿄 이케부쿠로에 있는 한 티켓 상점

チェック ちぇっく/체크

점검하다 할 때의 체크(check)를 말합니다. 받침 ッ가 들어가서 '첵크'라고 읽어야 한다는 사실. チェック의 ちぇ를 입력할 때는 일본어 자판에서 che를 쳐야 합니다. 작은 ッ는 그 다음에 오는 영문자를 두 번 입력하면 됩니다. ック는 kku, ッタ는 tta 이런 식이죠.

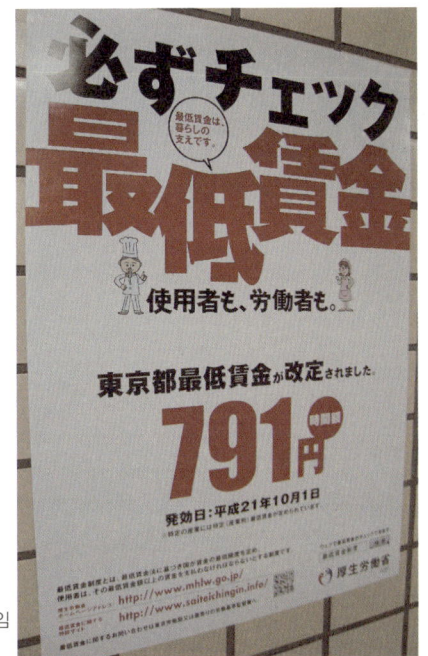

▶ 必ずチェック 반드시 체크. 最低賃金 최저임금 791엔(도쿄도 기준)

チャージ ちゃーじ/차-지

교통카드 등을 충전하는 것을 의미하는데, 영어의 charge에서 왔습니다. 예전에 한 일본 여성이 한국에 와서 교통카드를 충전할 때 "자―지해 주세요"라고 이야기 했다가 역무원이 깜짝 놀랐다는 이야기도 있습니다. 한국어의 '자'는 일본어 チャ에 가깝게 들리거든요. 어디서나 발음은 중요합니다. ^^;;

19 트위터

발음 つ, tu/tsu

ツ도 가타카나로 쓸 때는 주의해야 합니다. two를 ツー라고 발음하거든요. 일본 음식점에서 주문받은 개수를 셀 때 ふたつ라고 쓰지만, ツー라고도 많이 씁니다. 그래서 트윈베드가 있는 방은 ツインついん/츠잉이라고 합니다.

ツイッター ついったー/츠잇타-

일본어 발음은 '츠잇타-'로 twitter와 완전히 다르지만, t를 ツ로 발음하는 일본어로서는 고육지책이라고나 할까요.

◀ ツイッターの使い方が面白いほどわかる本 트위터 사용 방법이 재미있을 정도로 아는 책. 使い方는 사용 방법. ~ほど는 ~할 정도, わかる는 알다는 뜻입니다.

スーツ すーつ/스-츠

한국에서는 정장을 보고 양복이라고 많이 부르죠. 하지만 일본에서 洋服(ようふく)는 일본 전통의 옷인 きもの에 대응하는 모든 서양옷을 지칭합니다. 일본에서 정장은 スーツ라고 합니다. 영어 suit에서 유래했습니다.

▲ 3F.4F ビジネススーツフロア 3F. 4F 비지네스스-츠후로아
3층과 4층은 비즈니스 정장을 파는 층(floor). レギュラーサイズ 레규라-사이즈 레귤러 사이즈. スーツ 全品(ぜんぴん) 半額(はんがく) 정장 모든 상품 반액

⑳ 텔레비전

발음 て, te

テレビ てれび/테레비

TV는 '텔레비전(テレビジョン)'이라는 말을 줄여서, テレビ라고 씁니다. 그래서 각종 방송국도 회사명에 テレビ란 말을 붙입니다.

日本テレビ – 요미우리 계열의 니혼 테레비, 줄여서 ニッテレ 닛테레라고 합니다.

◀ 新聞・テレビ複合不況
신문・TV 복합불황. 리먼 쇼크 이후 일본 미디어업계에 불어 닥친 불황을 다룬 경제 잡지 〈다이아몬드〉 표지입니다.

テレビ朝日(あさひ) – 테레비 아사히. 줄여서 テレあさ 테레아사
テレビ東京(とうきょう) – 테레비 토우쿄우. 더욱 줄여서 テレト 테레토라고 합니다.

テロ てろ/테로

일제 강점기 시절 신문을 보면 테러를 '테로'로 표현하고 있습니다. 일본의 영향을 받아서 그렇습니다. 실제 일본에서는 지금도 terror를 テロ로 표기하고 있거든요.

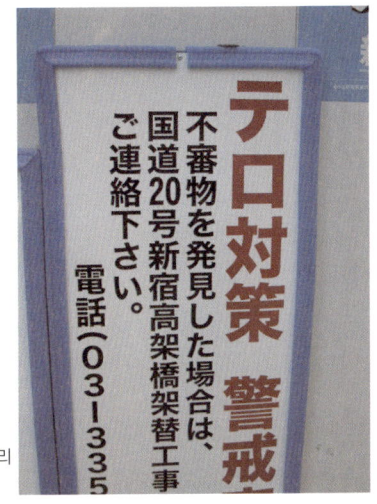

▶ テロ対策(たいさく) 테러 대책. 테러 대책을 알리는 간판입니다.

テンション てんしょん/텐숑

tension을 カタカナ로 표기한 것인 テンション입니다. 그런데 이 テンション이란 생뚱맞은 외래어도 일본에서는 자주 쓰입니다. tension의 원래 뜻은 긴장, 팽팽함, 흥분 등인데요. 일단 다음 문장을 봅시다.

テンション下(さ)がりますね。 텐션이 떨어지네요.
テンション上(あ)がりますね。 텐션이 올라가네요.

여기서 テンション이란 말은 일을 할 때 재미가 있어 집중이 잘되면 テンション이 올라가는 거고, 예상외로 재미가 없거나 따분하면 テンション이 떨어진다고 표현합니다. 영어도 가타카나로 바뀌면 생활 속 요긴한 단어로 변신한답니다.

21 토너먼트

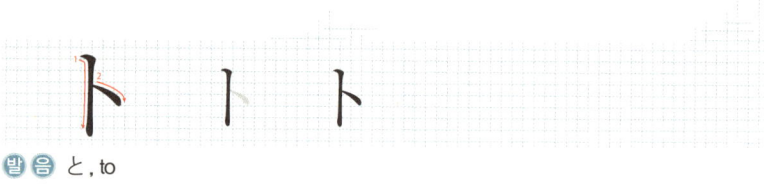

발음 と, to

トヨタ とよた/토요타

일본의 대표 자동차 회사 토요타는 豊田 喜一朗(とよだ きいちろう)라는 창업주의 이름에서 유래했습니다. 창업주의 성은 とよだ인데, 회사 이름은 とよた로 굳어졌습니다. '토요다'보다는 '토요타'가 더 발음하기 쉽다고 해서 그랬다는 말도 있습니다. 회사 이름도 豊田라는 한자로 쓰지 않고 カタカナ로 トヨタ라고 표기합니다.

◀ フレッシュトマトカレー 후렛슈토마토카레- Fresh tomato curry
소고기 덮밥 전문점인 마츠야에서 여름 신상품으로 내놓은 토마토 카레를 선전하는 광고입니다. 토마토는 トマト, 카레는 カレー

トーナメント とーなめんと/토-나멘토

토너먼트를 일본어로 쓰면 トーナメント라고 합니다. 월드컵, 야구 등 본선 토너먼트에서는 지면 그대로 짐 싸서 돌아와야 하죠. 이 결승 토너먼트를 일본어로 決勝トーナメント라고 합니다. 결승전까지 가는 トーナメント라는 소리죠. 그런데 이것도 길어서인지 신문 등에서는 決勝T라고 아예 T자 하나만 달랑 써놓는 경우도 많습니다.

ゲット げっと/겟토

이건 뭘까요? get의 일본어입니다. '얻다'라는 뜻이죠.

やった！ 商品ゲット！ 신난다! 상품 생겼다!

▶ アダルトDVD あだると DVD/아다루토DVD
중고 성인물 DVD를 사고파는 가게. 아달트 DVD는 Adult DVD를 가리키는 말. AV는 Adult Video. 일본의 성인물 시장은 1조 엔이 넘는 규모로 알려져 있습니다.

문화코드 14

일본의 신문과 방송

2009년 8월, 일본의 방송국은 그 어느 때보다 바빴습니다. 자민당에서 민주당으로 역사적인 정권 교체를 앞두고 있던 정치 상황이나, 8·15를 앞두고 소란스러운 야스쿠니 신사 관련 뉴스 때문이 아닙니다. 단 한 사람의 연예인 때문입니다. 그 주인공은 사카이 노리코(酒井法子)입니다.

원조 아이돌로 유명했던 그녀는, 결혼까지 해서 아이를 둔 엄마임에도 불구하고 갑자기 실종되면서 뉴스의 주인공으로 부상합니다. 청순미로 뭇 일본 남성의 호감을 사던 그녀가, 실은 실종이 아니라 마약 검사를 피하기 위해 도주했다는 것이 밝혀지면서 일본의 방송국은 그녀의 행방을 찾기 위해 총력을 기울입니다. 결국, 도주에 지친 그녀가 자수함으로써 소동이 일단락되긴 했지만, 이 소동을 보도한 한 뉴스 정보 프로그램은 그녀가 체포되던 8월 8일에 무려 30.4%의 시청률을 기록하기도 했습니다. 인터넷, 휴대폰 등 뉴스를 다양한 방식으로 소비하는 요즘, 30%의 시청률은 일본의 청춘스타 기무라 타쿠야가 출연한 드라마의 최고 시청률을 훌쩍 뛰어넘을 만큼 높은 수치입니다. 사카이 노리코에 대한 일본 국민의 관심이 그만큼 높았다는 반증이기도 하지만, 그만큼 일본 방송국이 대대적으로 보도한 탓도 큽니다.

방송국의 열띤 취재 경쟁은 그녀가 체포된 이후에 더욱 극성을 부립니다. 보석으로 풀려나 경찰서 문을 나서는 모습을 담기 위해 엄청난 보도진이 경찰서 앞에서 진을 치고 며칠이나 기다립니다. 마침내 경찰서에서 풀려나자 민영방송국은 헬기까지 띄워 이동 차량의 뒤를 쫓고, 사죄 기자회견을 하는 순간 대부분의 민영방송(TV도쿄 제

외)과 공영방송인 NHK마저 생중계를 합니다.

한 연예인의 체포 및 석방 소식에 모든 방송국이 일제히 전파를 쏘는 이유는 국민의 알 권리가 아닌 시청률 때문입니다. 모든 프로그램 속에 광고를 넣는 일본 방송국 입장에서는 시청률이 곧 광고 수주와 직결되므로 밥줄인 셈입니다. 특히 일본에서 인기 있는 방송국은 공영방송(NHK)보다 민영방송입니다. 그들은 전파 낭비라는 비판을 받더라도 회사의 이익을 생각하지 않을 수 없습니다. 그렇다면 이런 방송국의 행태를 비판하는 언론은 없는 것일까요. 사실, 없습니다. 〈도쿄신문〉 등 일부 신문을 제외하고는 제 목에 칼을 들이대는 꼴이기 때문입니다.

일본은 신문사가 방송국에 자본 투자를 할 수 있는 이른바 '크로스 오너쉽(cross-ownership)'이 정착되어 있습니다. 요미우리신문사와 니혼TV, 아사히신문사와 TV아사히, 산케이신문사와 후지TV, 마이니치신문사와 TBS, 니혼게이자이신문사와 TV도쿄가 각각 긴밀한 자본 관계를 유지하고 있죠.

사정이 이렇다 보니, 신문사가 자사와 관련이 있는 방송국을 비판하는 것은 불가능에 가깝습니다. 방송과 신문을 장악하고 있는 대형 언론사가 자신들에게 불리한 정책은 제대로 보도하지 않거나 방해하는 여론을 조성하기 때문이죠. 이런 크로스 오너쉽을 예전의 집권 민주당이 손보려고 했으나 2013년 자민당이 다시 정권을 잡음으로써 이것 역시 어찌될지 지켜봐야 하게 되었습니다.

아이러니한 것은, 그럼에도 불구하고 제도 언론에 대한 일본 국민의 신뢰는 상당히 높다는 것입니다. 2009년 신문의 날에 소개된 조사에 따르면 일본 국민의 80%가 기성 언론, 즉 종합 일간지를 신뢰한다고 합니다. 또한, 일본신문협회는 주요 5개 미디어(신문, TV, 라디오, 잡지, 인터넷)를 접하는 빈도와 평가를 조사한 결과, 5개 매체 중 "신문을 읽는다"는 사람이 91.3%로 가장 높았다고 발표했습니다. 인터넷은 4위를 차지했습니다. 인터넷 시대라고는 하지만 여전히 신문과 방송에 대한 일본인의 높은 평가를 보면, 시청률에 목맨 일본 방송국의 행태가 이해가 안 가는 것도 아니지요.

22 나물

발음 な, na

ナムル なむる/나무루

일본어에서 가타카나로 쓰는 경우는 외래어거나 강조하고 싶을 때라는 것은 앞서 말한 적이 있죠.

한류가 일본에 들어오기 전에는 재일동포가 하는 고깃집이 주로 한국 음식을 많이 취급했습니다. 그 가운데 담백하고 인기가 좋았던 것이 ナムル. 일본에도 野菜(やさい) 무침이 있긴 하지만 절임에 가깝습니다. ナムル는 신선하면서도 깔끔해서 인기가 있습니다. 여러 나물을 모아서 내놓는 '나물 모듬'은 ナムルもりあわせ라고 합니다.

◀ ナツナツ トクトク キャンペーン 여름 이득 캠페인

ナツ는 여름(夏)을 뜻하는 なつ를 가타카나로 강조, トクトク도 '이득이다'는 뜻의 得(とく)를 강조했습니다.

ナビ ^{なび}/나비

나비. 이건 뭘까요? 설마 곤충을 뜻하는 나비일까요. 근데 외래어가 아닌데요. 일본어로 곤충 나비는 蝶(ちょう)라고 합니다. アゲハ는 호랑나비. 이것은 navigator를 뜻하는 ナビゲーター의 준말입니다. 그래서 자동차 내비게이터는 カーナビ라고 합니다.

ナイフ ^{ないふ}/나이후

일반적인 칼은 나이프라고 합니다. 부엌칼은 包丁(ほうちょう). 일본 사무라이 시대의 칼은 刀(かたな)라고 합니다.

▲ 미즈호은행 ATM 코너를 알리는 안내판. コーナー는 코너

23 뉴스

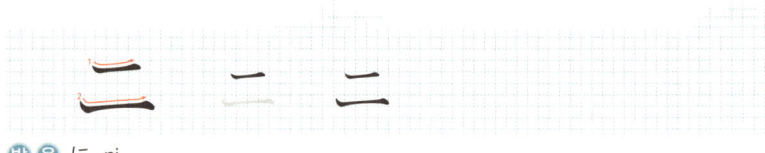

발음 に, ni

ニュース にゅーす/뉴스

뉴스입니다. 여기서도 장음 주의! 실제 발음은 '니유우스'에 가깝습니다.

今日のニュースをお伝えします。 오늘 뉴스를 전해드리겠습니다.

▼ NHK ニュース. NHK 뉴스 시작 화면

ニコンにこん/니콘

カメラ会社 ニコンです。

やっぱりニコンいいわ! 역시 니콘 좋아!

일본의 얼짱 배우 기무라 타쿠야가 니콘 카메라를 선전하면서 한 말입니다.

スニーカーすにーかー/스니-카-

운동화는 運動靴(うんどうぐつ)라고도 하지만, 역시 말은 발음하기 편한 데로 흘러갑니다. 일반적으로는 スニーカー라고 합니다. 영어 sneakers에서 유래했습니다.

▼ ABC MART. 일본에서 유명한 신발 체인점. 2층에서 スニーカー(운동화)를 팝니다.

24 컵라면

ヌ フ ヌ

발음 ぬ, nu

ヌード ぬーど/누-도

누드입니다. 음식이 후드로 장음이듯이, 누드도 '누우도'로 확실히 늘여줘야 합니다. 이 정도면 일본어에서 장음이 얼마나 중요한지 느끼시겠죠? 따라서 다음 글자는? ヌードギャラリ. 누드 갤러리입니다.

▼ ボージョレー・ヌーヴォー解禁(かいきん). 보즐레 누보 해금. 일본에서는 매년 햇포도주인 보즐레 누보 해금 소식이 주요 뉴스로 등장합니다.

カップヌードル^{かっぷぬーどる}/캅푸누-도루

컵 누들(cup noodle). 닛신식품이 만든 '컵라면'.

▲ 新うまい. 新은 새롭다는 뜻이고, うまい는 맛있다는 뜻입니다. 맛있다는 뜻의 일본어로는 美味しい도 있습니다. うまい는 주로 남성이 씁니다. 목소리를 깔고 うまい 하면 좀 더 남자다워 보인다나요. 사진에 나온 컵라면은, 세계 최초로 컵라면을 만든 회사 日清食品에서 판매하는 제품으로 느끼하지 않고 맛있습니다.

25 비즈니스

ネ ネ ネ ネ ネ

발음 ね, ne

ネット ねっと/넷토

インターネットを会話ではインターを빼버리고 ネット만 씁니다.

ネットで 調べましょう。 인터넷에서 찾아봅시다.
*調べる는 '찾다'는 뜻

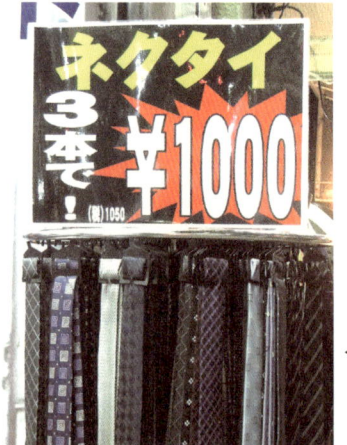

ネックレス ねっくれす/넥쿠레스

목걸이죠. 영어 necklace에서 왔습니다. 순 일본어로 하면 首飾り라고 합니다.

◀ ネクタイ 3 本 ¥1000
넥타이 3개에 1,000엔이라는 말입니다. 本은 가늘고 긴 것을 셀 때 쓰는 단위입니다. 병을 셀 때도 연필을 셀 때도 씁니다.

ビジネス びじねす/비지네스

비즈니스입니다. 샐러리맨은 サラリーマン이라고 씁니다. 일은 シゴト(仕事)입니다.

▲ ビジネスシューズ2足目半額
　비즈니스 슈즈 2개째는 반액. 비즈니스 슈즈 2개를 사면 한 개는 반값으로 준다는 말. シューズ는 슈즈(shoes).

26 노트북 컴퓨터

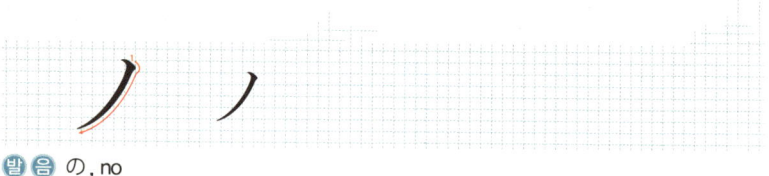

발음 の, no

ノートパソコン のーとぱそこん / 노-토파소콘

한국에서는 노트북 컴퓨터라고 하지만 일본에서는 パソコン 앞에 ノート를 붙여서 ノートパソコン이라고 합니다.

ルノアール るのあーる / 루노아-루

◀ 커피 체인점 루노아-루. 프랑스 인상파 화가 르누아르에서 따왔습니다. 일본의 다른 커피집과 다르게 커피가 리필이 되며, 좌석 사이에 공간 여유가 있어 회의 공간으로도 쓰입니다.

デスノート ですのーと/데스노트

데스노트. 일본에서 공전의 히트를 기록한 뒤 전 세계에서 인기를 얻고 있는 작품. 영화로도 개봉되었죠. 노트에 이름을 적으면 그 사람이 죽는다는 미스터리물입니다.

▶ ナマケモノの泳ぎ見たことある？ 나무늘보 헤엄치는 것 본 적 있어?

ナマケモノ(なまけもの). 보통 なまけもの라고 하면 게으름뱅이를 뜻하지만, 동물로 치면 나무늘보가 됩니다.

* 怠ける 게으름피우다
* およぎ 헤엄. 헤엄치다는 뜻의 동사 泳ぐ의 명사형
* 동사 과거형 + ~たことある？ ~한 적 있어?

문화코드 15

사라진 브랜드 Sanyo

1980년대만 하더라도 일본 전자제품의 파워는 막강했습니다. 비디오카메라 하면 소니를 최고로 치는 시절이었고, 파나소닉, 산요, 아이와, 도시바, 카시오 등 일본제 브랜드는 일본에 대해 안 좋은 감정을 가진 한국인이라 할지라도 누구나 하나쯤은 갖고 싶어 했으니까요.

당시 일본은 전자제품뿐 아니라 JAPAN이라는 국가 브랜드가 이름을 날렸던 시기이기도 합니다. 하지만 1990년부터 그렇게 호황이던 경제가 떨어지기 시작합니다. 경제 거품이 터지기 시작한 1990년대 초반부터 2010년까지의 기간을 두고 일본인들은 '잃어버린 20년'이라고 합니다.

이렇게 일본 경제가 쇠퇴하면서 일본의 유명 브랜드도 하나 둘씩 자취를 감추고 있습니다. 일본에서는 한때 "기술은 소니, 판매는 마츠시타"라는 말이 유행했습니다. 소니가 기술로 승부한다면, '내쇼날'과 '파나소닉' 등의 브랜드를 가지고 있는 마츠시타 전기(松下電器)는 영업력을 내세워 가전제품 시장을 장악했기 때문이죠. 마츠시타 전기의 National은 한국의 아남전자와 제휴, '아남내쇼날'이라는 브랜드를 만들어서 TV 등을 생산하기도 했는데 한국에서도 꽤 인기가 있었습니다.

그러나 이것도 이제 먼 과거의 이야기가 됐습니다. 2008년에 창업자의 이름을 딴 '마츠시타전기산업'이 '파나소닉'으로 회사명을 바꾸면서 'National'이라는 브랜드도 'Panasonic'으로 통일했기 때문이죠. 뿐만 아니라, 2009년에 산요(Sanyo)를 자회사로 만든 파나소닉이 2010년 7월, 산요 브랜드를 파나소닉으로 통합한다고 발표하면서 산요 브랜드도 역사 속으로 사라지게 됐습니다.

이렇게 한 시대를 풍미한 브랜드가 사라지는 이유는 무엇일까요. 일본 전자 회사가 2000년부터 최근 10년간 허우적대는 사이, 삼성과 LG가 전 세계에서 두각을 나타냈기 때문입니다. 일본 주요 전자 회사의 영업이익을 모두 합쳐도 삼성전자 하나의 영업이익에도 미치지 못한다는 사실은 올해 일본 언론에 대대적으로 보도됐습니다.

2009년 미국의 컨설팅 회사 인터브랜드에 따르면, 삼성전자의 브랜드 가치는 19위, 소니는 29위, 그리고 파나소닉은 75위라고 합니다. 일본 내수 시장이 포화 상태에 이른 이상, 수익을 위해서 사업의 글로벌 전개는 필수입니다. 브랜드 가치가 떨어지는 파나소닉 입장에서는 유럽이나 신흥국에서 판매를 늘리기 위해서는 National 이나 산요 등으로 힘을 분산시킬 것이 아니라 하나의 브랜드로 통일하자는 생각을 한 것이죠. 한때 승승장구하던 일본 전자 회사가 이제는 상시적인 구조 조정과 브랜드 통합을 해야만 살아남는 형편이 됐습니다.

세계 휴대폰 단말기 시장을 보면 일본 전자업계가 처한 문제를 보다 적나라하게 알 수 있습니다. 2009년, 소니에릭슨 사를 제외한 일본 휴대폰 제조사 8개사의 세계 시장 점유율(2009년 기준)은 3.5%로, 5위인 모토롤라(4.8%)에도 미치고 못하고 있습니다.

이런 일본제 휴대폰의 빈자리는 한국이 고스란히 차지했습니다. 1위인 노키아가 37.4%로 독주하고 있지만, 삼성(19.7%)과 LG(10.2%)가 소니에릭슨(4.9%)을 제치고 2, 3위를 기록하고 있으니까요. 예전에는 일본 소비자의 까다로운 입맛에 맞춘 제품은 세계에서도 통한다는 이야기가 있었습니다. 하지만 오늘날 일본 전자 회사는 세계에서도 통하는 경쟁력 있는 제품을 좀처럼 만들어내지 못하고 있습니다. 가격도 비쌀 뿐 아니라 굳이 필요 없는 기능까지 집어넣어 일본 국내 시장에서만 통하는 제품을 내놓으면서 글로벌 시장에서 멀어지고 있기 때문입니다. 한때 세계 시장을 호령했던 일본 전자 회사의 쇠퇴를 보면서 세계 경제의 글로벌화와 이에 따른 혁신의 노력이 무엇인지를 다시금 생각해보게 됩니다.

27 해피

발음 は, ha

ハム ^{はむ/하무}

일본어는 모든 단어가 모음으로 끝납니다. 따라서 '햄(ham)'도 '하무'로 말해야 자연스러운 느낌을 받습니다. '나물'을 ナムル로 읽듯이 말이죠.

ハムはどこにありますか？ 햄은 어디에 있나요?
* どこ 어디

◀ コシヅカハム 코시즈카 햄 회사 차량

ハード はーど/하도

컴퓨터 하드드라이브를 말합니다. 이것도 '하아도'라고 확실하게 장음 처리를 해줘야겠죠. ハード トレーニングはーど とれーにんぐ/하도 토레-닝구. 이것은 하드 트레이닝(hard training)을 의미합니다.

ハッピー はっぴー/핫파-

'행복하다'란 뜻의 일본어로 幸(しあわ)せ가 있지만, happy를 그대로 읽어서 ハッピー핫파-라고 쓰는 경우도 있습니다. ハッピー를 히라가나로 はっぴ 이렇게 쓰면 축제 때 입는 옷(法被)을 의미하므로 주의하세요.

今日はハッピーです。 오늘은 행복해요.

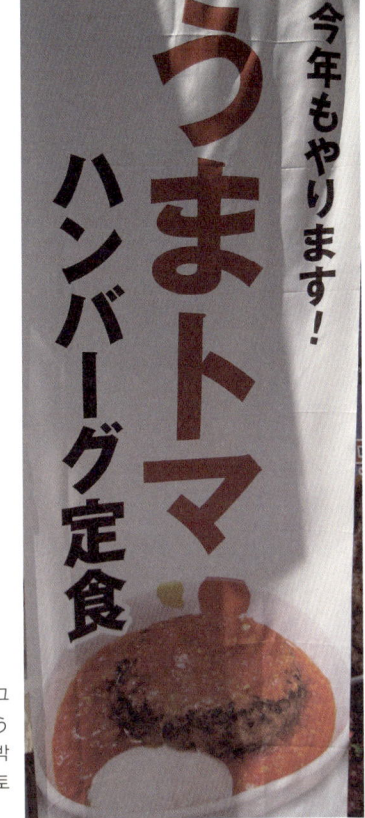

▶ ハンバーグ定食(ていしょく) 함박 정식
이 ハンバーグ함바-구는 함박스테이크를 말하는데, 그 옆에 うまトマ라는 말이 있네요. うまは '맛있다'의 うまい, トマ는 トマト의 약자로써, '맛있는 토마토 함박 정식'이 되겠습니다. 사진을 보면 함박스테이크 위에 토마토 소스가 뿌려진 것을 볼 수 있죠.

28 아이스커피

ヒ ヒ ヒ

발음 ひ, hi

ヒット ひっと/힛토

히트를 뜻하는데, 大ヒット 이렇게 쓰면 대히트라는 뜻이 됩니다.
히트작품은 ヒット作品(さくひん)이라고 합니다. '히트쳤다'는 ヒットした 라고 하죠.

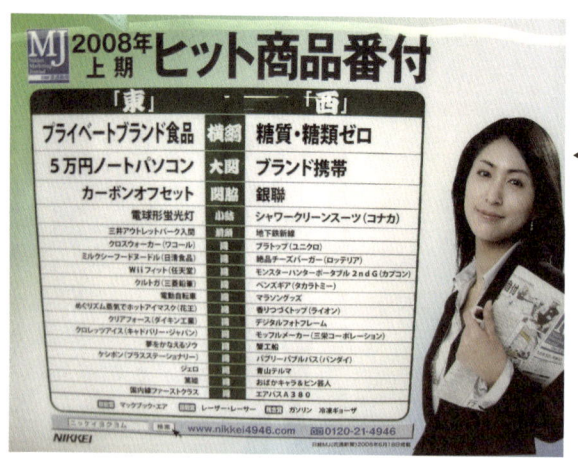

◀ 2008年 上期(かみき) ヒット商品番付(しょうひんばんづけ) 2008년 상반기 히트상품 랭킹

니혼게이자이신문(日本経済新聞(にほんけいざいしんぶん))이 발표한 상반기 히트상품. 上期는 상반기, 商品(しょうひん)은 상품, 番付(ばんづけ)는 스모 선수의 서열을 나타내는 말로 '순서 매김(랭킹)'을 뜻합니다.

六本木ヒルズ ろっぽんぎひるず/롭퐁기히루즈

롯폰기 힐즈(Roppongi hills)입니다. 도쿄의 새로운 랜드마크로 등장한 복합 소비 및 거주 공간입니다. ヒルズ(hills)란 언덕이라는 뜻인데, 롯폰기 힐즈가 인기를 얻자 패션의 거리 오모테산도에 새로 지어진 건물 이름도 ヒルズ를 붙인 表參道ヒルズ 오모테산도우히루주로 지어졌습니다.

コーヒー こーひー/코-히-

커피를 일본어로 발음할 때는 주의가 필요합니다. '코오히이'라고 장음 처리도 확실히 해줘야 하고, '피'가 아닌 '히'라고 읽어줘야 하니까요. 안 그러면 커피집에서 무슨 말인지 못 알아듣습니다. 커피와 비슷한 발음의 コピー는 복사(copy)를 뜻합니다.

▶ おいしいアイスコーヒー
　맛있는 아이스커피

29 패션

フ フ

발음 ふ, hu/fu

이 フ는 h와 f 발음을 커버합니다. 한 번 볼까요.

ファッション  ふぁっしょん/후앗숑

패션을 뜻하는 이 말은 일본어로 읽으면 '후앗숑'이 됩니다. fa를 カタカナ로 변환하면 ファ! 즉, ふ는 f로, a는 작은 ァ로 대응됩니다.

▼ 箱根フリーパス 하코네 프리패스
　フリー는 free, 하코네는 도쿄 근처에 있는 유명한 온천 관광지입니다.

フィルム ふぃるむ/후이르무

필름의 가타카나 표기인데, '휘르무'라고 읽는 것이 아니라 '후이르무'라고 읽습니다. 따라서 우리말로 읽는 필름을 '피르무'로 늘이면 일본 사람이 알아듣지 못합니다. 있는 カタカナ는 다 읽어야 합니다.

フォト ふぉと/후오토

사진을 뜻하는 photo도 f 발음이므로 포토가 아니라 フォト로 표기합니다.

▼ 皮フ科 피부과. 피부과는 원래 한자로 皮膚科로 씁니다. 그런데 왜 피부의 膚가 フ로 표기되었을까요. 그것은 膚라는 한자가 너무 복잡하니까 간단하게 보이기 위해 フ를 쓴 것입니다. 일본어는 仮名(가나)입니다. 즉, 처음 발상이 가짜 글자에서 시작되었고, 원래는 한자를 보조하는 역할이었습니다. 그 흔적을 이 간판에서 볼 수 있죠.

③⓪ 헤어드라이어

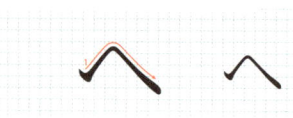

발음 へ, he

ヘッドホン へっどほん/헷도홍

헤드폰입니다. 마이크가 달린 헤드폰 세트는 **ヘッドセット** へっどせっと/헷도셋토라고 합니다.

◀ ヘアカット専門店 헤아캇토 센몬텐 헤어컷 전문점
10분간 아주 빠르게 자르는 대신 저렴한 가격을 받는 미용 체인점입니다.

ヘアドライヤー へあどらいやー/헤아도라이야

헤어드라이기입니다. 머리카락을 잘 가꾸고 다듬는 것을 ヘアケア へあけあ/헤아케아/hair care 라고 합니다. 머리카락은 髪の毛이지만, 미용실 등에서 이발할 때 쓰는 머리카락은 ヘア라고 씁니다.

▶ ヘルシア緑茶まろやか
헤루시아 녹차 마로야카

▼ キズ・ヘコミ直し隊 상처나 움푹 들어간 곳을 고치는 부대

キズ는 우리가 '기쓰'라고 말하는 상처를 말합니다. ヘコミ는 움푹 들어간 곳. 直し隊는 고치는 부대. 즉, 차에 난 상처나 패인 곳을 고쳐주는 정비소입니다. 直し隊는 直したい라고 해서 '고치고 싶다'라는 뜻에 한자를 넣어 재미난 말로 바꾼 것입니다. 直す 고치다. ~したい。 ~하고 싶다.

31 호텔

ホ ホ ホ ホ ホ

발음 호, ho

ホーム 호-무/호-무

ホーム. 이건 뭘까요? 집을 뜻하는 걸까요. マイホーム가 자기 집이란 의미로 '마이홈(my home)'을 뜻하기도 하지만, 보통 이것은 전철역에 있는 플랫폼을 의미합니다. '플랫'이란 단어가 생략되고 ホーム만 쓰입니다.

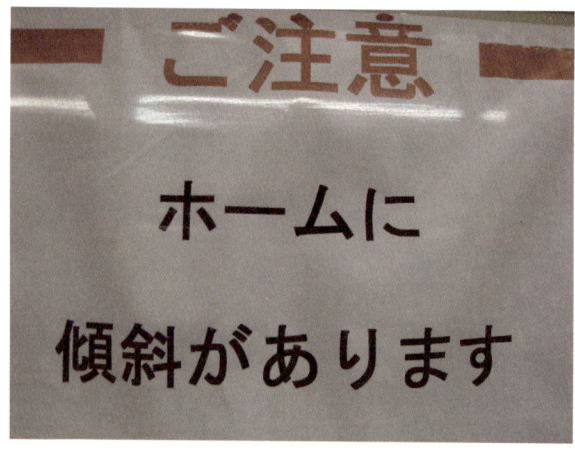

◀ ホームに傾斜があります. 홈에 경사가 있습니다. 플랫폼에 경사가 있으니 주의하라는 뜻입니다.

ホット ほっと/훗토

일본에서 hot은 ほっと로 발음하기 때문에 '핫'이라고 발음하면 못 알아듣습니다. 이런 말을 언제 쓰느냐? 맥도날드나 찻집에 가서 커피를 시킬 때 점원이 물어봅니다. 이렇게 말이죠.

ホットですか、アイスですか。 따듯한 건가요, 아이스인가요?

날씨가 춥다면 당연히 ホット 라고 해야 되고, 더우면 アイス 라고 해야겠죠.

▲ 朝は紅茶で、ホットしよう。 아침은 홍차로 안심하자.
여기서 ホットしよう는 ほっとする라는 말의 변형으로 '안심하자' 또는 '마음을 놓자'라는 뜻입니다. 즉, 따뜻한 홍차를 강조하기 위해 '따뜻하게 하자(ホットしよう)'와 '안심하자'라는 두 가지 뉘앙스를 풍기게 광고 카피를 짰습니다.

ホテル ほてる/호테루

호텔이죠. 일본은 러브호텔은 따로 몰려있고, 출장을 위한 비즈니스호텔이 많습니다. ビジネス급이라면 싼 것도 꽤 있고요. 단, 방이 아주 狭い(좁다)하다는 것이 단점이죠. 러브호텔은 ラブホテル, 줄여서 ラブホ라고 합니다.

문화코드 16

'칸류'와 한류

최근 일본에서 오전이나 낮 시간대에 TV를 틀면 흔히 볼 수 있는 것이 한국 드라마입니다.

한류가 다 꺼졌다고 이야기를 듣던 일본에서 한국 드라마 열풍 논란에 불을 지핀 것은 TBS가 저녁 황금시간대에 방영한 〈아이리스〉입니다. 〈아이리스〉가 방영되기 시작하자 일본 언론은 '한류처(韓流妻)'라는 말까지 만들면서 부정적인 면을 보도했습니다. 그 예로 동방신기 콘서트를 보러 한 해에도 수차례 한국에 가는 아내 때문에 겸업 주부가 된 공무원, 아내를 위해 한국 드라마를 필사적으로 더빙하는 남편의 사례도 소개했습니다. 한류에 빠진 부인 때문에 일본 남편들이 가혹한 생활을 겪고 있다는 것입니다.

일본 내 한류, 대체 어디까지 와 있는 것일까요. 2003년 〈겨울연가〉가 방영되면서 불이 붙은 한류는, 2005년 한국 영화의 대거 수입으로 이어지면서 확산되는 듯 보였으나 드라마와 달리 철저하게 실패했습니다. 이후 2006년부터 한류(韓流)는 한류(寒流)가 됐다며 붐은 끝났다는 보도가 이어졌습니다. 그러나 한편에서는 한류는 지하수처럼 일본 사회 곳곳에 스며들고 있다는 분석도 제기됐습니다.

신기한 것은, 한류 붐이 끝났다는 2008~2010년에도 한국 연예인의 일본 팬 미팅은 꾸준히 이어졌다는 것입니다. 일본 팬들은 언론 보도와 상관없이 여전히 한국 드라마를 즐겨 보면서, 〈꽃보다 남자〉부터 〈찬란한 유산〉까지 보고 있었습니다. 일본 팬들이 좋아하는 스타도 배용준이나 한류 4대 천왕이라는 이병헌, 장동건, 송승헌, 원빈에서부터 윤상현, 이준기 등 직접 보았던 드라마에 출연한 배우까지 다양하게 확산

됐습니다.

드라마 뿐 아니라 동방신기 등 K-POP의 선전도 눈부십니다. 일본 내 한국 그룹 인기에 동방신기가 불을 붙였다면, 카라(KARA), 소녀시대(少女時代) 등 젊은 여성을 중심으로 한 걸그룹이 대거 일본에 진출하고 있고, 많은 팬들이 몰리고 있습니다. 이들의 이벤트나 콘서트는 아줌마보다 동세대 젊은이들이 열광함으로써 한류의 주 소비 연령대를 대폭 낮추는 효과를 내고 있습니다. 일본 아줌마의 전유물이었던 한류가 이제는 모든 연령대로 확산되면서 하나의 문화 콘텐츠로 자리를 잡고 있는 셈이죠.

이런 한류 바람은 시청률로도 나타나고 있습니다. 〈찬란한 유산〉을 낮 시간대에 방영한 후지TV 담당자는, 〈찬란한 유산〉이 방송되기 전 오후 2시는 시청자가 고정되어 있는 시간대로, 평균 시청률이 3.9%였다고 합니다. 그런데 〈찬란한 유산〉이 방송되면서 평균 시청률은 2배 가까운 6.6%를 유지했고, 최고 시청률은 9.7%까지 올랐다고 합니다. 이런 기록은 과거 10년간 없었다고 합니다.

최근 한국 드라마 붐의 배경에는 경기 불황으로 인해 경비 삭감에 시달리는 일본 방송국의 내부 사정도 큽니다. 광고 수입이 격감하면서 자체 제작보다는 수입해서 방영하는 것이 수익성이 좋다는 것입니다.

그러나 최근 급부상한 걸그룹의 일본 내 인기는 단순히 한류를 이끌어온 드라마의 힘으로만은 설명할 수 없습니다. 동방신기가 춤과 함께 확실한 가창력으로 인기를 모았듯이, 일본 내 한류 소비자들은 일본 문화에는 없는 새로운 면을 한류에서 보고 있습니다.

어떤 일본인 시청자는 "갈등을 피하고 덮어두려는 일본과 다르게 한국은 모든 걸 발산한다. 드라마를 보고 나면 기분이 개운해지면서 용기를 얻는다"고 밝힙니다. 일본 언론은 이제 한류가 일본 내에서 확실한 하나의 문화 콘텐츠로 자리를 잡았다고 분석합니다. 즉, 제2의 붐이 아니라 완전한 정착이라는 것이죠. '한류'가 일본어 발음의 韓流(칸류)가 아닌 우리말 발음인 ハンリュウ(한류)라는 고유명사로 되어 가는 것만 봐도 그렇습니다.

32 진동 모드

발음 ま, ma

マナーモード まなーもーど/마나-모-도

휴대폰 진동 모드를 말합니다.

◀ マナーモードに設定の上、通話はご遠慮ください。 진동 모드로 설정한 뒤, 통화는 삼가주세요. 일본 전철마다 붙어있는 문구입니다. 設定는 설정, 通話는 통화, 遠慮는 삼가입니다.

マンガ まんが/망가

만화대국 일본, 처음에는 漫画(まんが)라는 한자를 쓰다가, 일본 만화의 독자적인 체계를 만든 다음에는 아예 マンガ로 표기해 다른 나라의 cartoon과 차별화합니다.

マンション まんしょん/만숀

일본에는 一戸建て(いっこだて)(단독 주택)도 많지만 대도시에 많은 인구가 몰려 살다 보니, 집단 주택도 많습니다. 그중 인기 있는 것은 단연 マンション. 한국의 아파트를 생각하시면 됩니다. 단, 대규모 단지로 지어지는 것이 아니라 건물 하나, 혹은 두세 개 정도씩 따로따로 지어집니다.

メルマガ めるまが/메루마가

メールマガジン이라고 해서 '메일매거진'의 약자입니다. 메일을 뜻하는 メール가 줄어서 メル로 되었습니다. 일본 전철을 타면 게임하는 사람, 만화 보는 사람 등 여러 タイプ(타입)가 있지만, 메일을 작성하는 사람도 적지 않습니다. 이렇게 메일을 주고받을 수 있는 친구를 メル友(とも)라고 합니다.

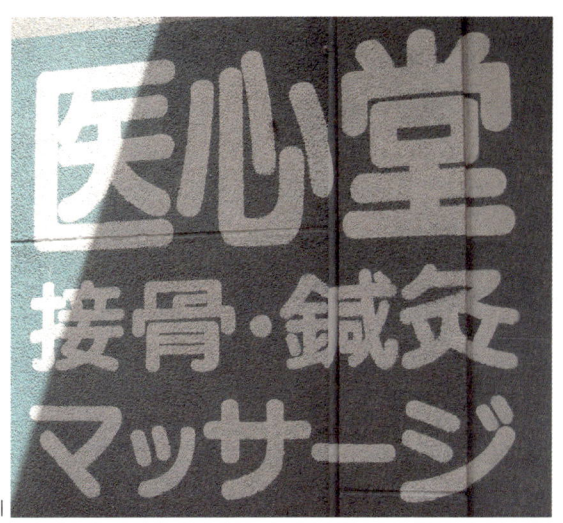

▶ マッサージ 마사지

33 커뮤니케이션

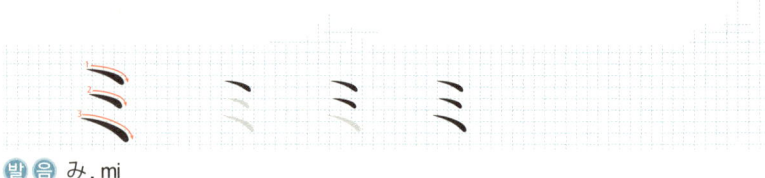

발음 み, mi

ミクシィ 미쿠시이/미쿠시이

한국으로 치면 포털 사이트의 온라인 카페 같은 커뮤니티 사이트(사이트)입니다. 일본 내 커뮤니티 사이트 중에서는 最高人気(최고 인기)입니다. 사이트 주소는 http://mixi.jp. 커뮤니티는 コミュニティ.

◀ ミニトマト 미니 토마토
サラダやお弁当にどうぞ！ 샐러드나 도시락에 넣으세요! お弁当는 도시락. どうぞ는 적극적으로 무언가를 권할 때 쓰는 말입니다.

^{ミー}みに/미니

작다는 뜻입니다.

^{くち}口コミ くちこみ/쿠치코미

口コミ는 입에서 입으로 옮겨지는 정보, 즉 입소문을 뜻합니다. コミ는 コミュニケーション(커뮤니케이션)의 준말.

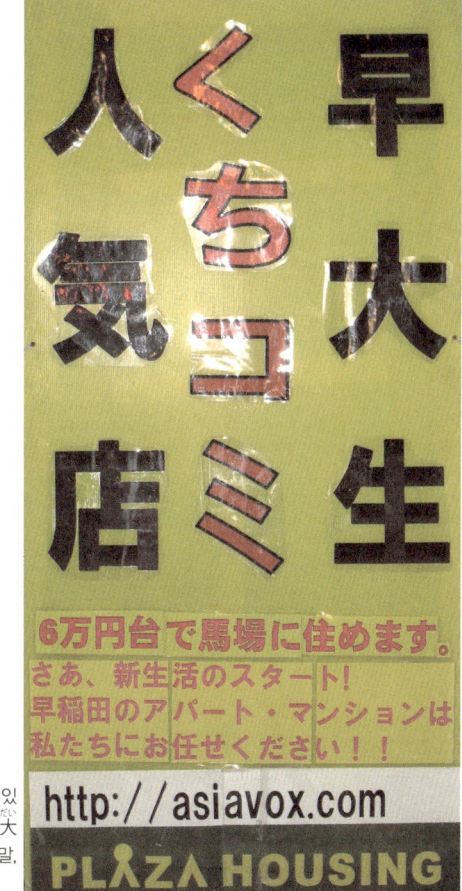

▶ 早大生くちコミ人気店
와세다대학생에게 입소문으로 인기가 있는 부동산 홍보 간판. 早大生는 早稲田大学(와세다대학)에 다니는 학생을 줄인 말, 人気店은 인기 있는 가게라는 뜻입니다.

34 게임

ム ム ム

발음 む, mu

ゲーム げーむ/게-무

게임(game)입니다. 일본어에서 m은 ム로 표기됩니다. 그러니까 '김치'가 キムチ가 되는 거죠.

▼ 本(ほん)·ゲーム·お売(う)り下(くだ)さい。 책, 게임을 파세요.
2·3층 BOOK OFF. BOOK OFF는 일본의 유명 중고책 체인점입니다. 책, 만화, 게임 등을 사고팝니다. 우리나라에도 들어와 있습니다.

ムービー むーびー/무-바-

movie를 우리말로는 '무비'로 짧게 발음하지만, 일본어로 표기할 때는 ムービー 무-바-로 길게 합니다. 이 ムービー란 말은 일상생활에서는 잘 안 쓰이고, 영화 게시판 등에만 쓰입니다. 보통 "그 영화 봤어?" 이렇게 물어볼 때는 映画란 말을 씁니다. あの映画見た？ 그 영화 봤어？

リムジンバス りむじんばす/리무진바스

공항 직행 버스(limousine bus)를 말합니다.

▼ リムジン＆メトロパス 리무진＆매트로 패스
ビジネスに、レジャーに！お得な割引切符 비즈니스에, 레저에！이득 보는 할인 티켓

レジャー는 레저, お得な는 이득인(이득 보는, 이로운), 割引는 할인, 切符는 티켓. 지하철 1일 프리패스와 공항에서 도심까지(편도) 쾌적한 버스를 탈 수 있는 티켓 광고입니다.

35 안경

발음 め, me

メガネ めがね/메가네

안경. 한자로 眼鏡이라고 쓰고, 읽을 때는 めがね라고 읽습니다. 안경 가게에서는 복잡한 한자 眼鏡 대신 가타카나 メガネ로 표기합니다.

◀ メガネ スーパー 안경슈퍼
안경을 대량으로 싸게 판다고 홍보하기 위해 スーパー를 붙였습니다.

メトロ めとろ/메토로

メトロ 앞에 東京를 붙인 東京メトロ는 도쿄 지하철을 뜻합니다.

도쿄 시내를 다니는 地下鉄는 東京メトロ(도쿄메트로)와 都営地下鉄(도영지하철)이 있습니다.

メニュー めにゅー/메뉴

레스토랑에 가서 가장 먼저 달라고 하는 것, '메뉴'입니다. 재미난 사실은 일본 사이트를 검색해보면 メーニュ 또는 メニュ로 틀리게 써놓은 사람도 꽤 많다는 것입니다. 가게에서 메뉴판을 달라고 할 때는 이렇게 말하면 됩니다.

すみません、メニューください。 여기요, 메뉴 주세요.

▶ キッズメニュー 아이들 메뉴
  아이들을 뜻하는 kids를 가타카나 キッズ로 표기. アンパンマン은 호빵맨. おすすめ는 추천입니다. 가게에서 추천하는 호빵맨 키즈 메뉴

36 메모

발음 も, mo

モニター もにたー/모니타ー
컴퓨터 모니터입니다.

パソコンと一緒に使われるものです。 컴퓨터와 함께 사용되는 물건입니다.

モーター もーたー/모ー타ー
전동기 모터(motor)입니다.

◀ 昼モスしない 점심 모스 하지 않을래?

モスバーガー(모스 버거)는 독특한 소스 맛으로 맥도날드 버거보다 맛있다는 인식이 있어 인기가 있습니다.

メモ めも/메모

메모. 그럼 メモる는 뭘까요? 이건 '메모하다'입니다. 어라? 메모하다는 メモする가 아닌가. 일본어 동사는 보통 る로 끝나는데, メモ에 る를 붙여서 동사를 만든 겁니다. 저도 처음에는 メモする라고 썼는데, 일본인 회사 동료들이 メモる라고 쓰면서 저도 익숙해졌습니다.

▲ スーモマガジン 스-모마가징
  スーモ라는 곳에서 운영하는 부동산 종합 매거진

문화코드 17

만화왕국 일본도 불황?

　만화왕국 일본. 해적 이야기를 다룬 《원피스》(57권)는 초판만 300만 부를 찍었고, 누적 판매 부수가 1억9000만 부로 2억 부에 근접하고 있습니다. 닌자 만화인 《나루토》(51권)는 1억 부를 돌파했습니다. 출판 만화의 인기는 동인지로도 이어집니다. 인기 만화 및 게임 캐릭터를 본 딴 각종 동인지들이 즉석에서 판매되는 코미케는 방문객 수가 연 50만 명이나 되고, 각종 코스프레로 만화를 현실에 접목시켜서 느끼는 사람들도 많습니다. 만화의 내용을 바탕으로 드라마나 애니메이션, 영화, 게임 등을 만들기도 합니다.

　이런 일본에서도 만화가 안 팔린다는 뉴스가 나오고 있습니다. 2010년 도쿄의 출판과학연구소에 따르면, 작년 1년간 만화 잡지나 단행본의 매출은 합쳐서 4187억 엔으로 전년과 비교해서 6.6% 감소했는데, 이는 과거 최대의 하락이라고 합니다. 이 중에서 만화잡지의 매출은 1913억 엔으로 지난해와 비교해서 9.4% 감소를 기록, 18년 만에 2000억 엔을 밑돌았다고 합니다. 뛰어난 작품은 여전히 많지만, 전체 시장의 크기는 점점 줄고 있다는 뜻이죠.

　일본 국내의 출판 만화 매출은 1995년을 정점으로 감소하기 시작했는데, 출판과학연구소는 그 이유로 1) 경기 침체로 만화 팬들이 구매를 주저하는 경향, 2) 만화를 사지 않고 만화찻집에서 읽는 경향의 지속, 3) 히트작이라고 부를 수 있는 작품이 줄어든 것을 들었습니다.

　그런데 꼭 이것만이 이유일까요. 현재 일본은 만화뿐 아니라 잡지 등 출판물 시장

자체가 줄어들고 있고, TV조차도 시청률 하락으로 고심하고 있습니다. 시장의 크기가 줄고 있는 것은 꼭 출판 만화만의 문제는 아닙니다.

한 일본인 만화 팬은 "옛날보다 그림 수준은 높아졌으나 대신에 내용이 얕아진 작품이 많아졌다. 말풍선의 글자 수가 많아지면 읽기가 길어진다. 또 이야기가 본격적으로 시작되는 시간이 너무 길어 재미있기 전에 그만두게 된다"고 말합니다. 또 다른 팬은 "옛날처럼 가슴을 두근두근 하게 만드는 만화가 없다"고 지적합니다.

가장 큰 문제는 몇 작품을 제외하고 최근에 대작이 없다는 사실입니다. 인기 작품이라 하더라도 장기간 연재하면서 이야기가 다른 곳으로 새버린 만화도 많고, 많은 작품이 있지만 그 이야기가 그 이야기 같다는 평도 나오고 있습니다.

또 다른 이유로 일본 만화를 지금의 위치까지 끌어올린 일본 만화 제작의 시스템 때문이라는 의견도 많습니다.

일본 만화는 작가 혼자서 만드는 것이 아니라, 연재 잡지의 편집자가 일정한 질을 담보하기 위해 자료 조사, 콘셉트 설정, 그림 그리는 방식까지 모든 곳에 개입합니다. 이러다 보니 편집자의 발언권이 지나치게 커지면서 작가의 창조성을 갉아 먹고 시장에서 팔릴만한 것 중심으로 만들게 됩니다. 전적으로 팔리는 것에 우선을 두다 보니, 막상 만들어진 만화를 보면 어느 정도 완성도는 보장되는데 빼어난 재미나 독특한 상상력을 만나기 어렵게 되는 것이죠. 즉, 성공 요소만을 답습하는 만화 제작 방식이 일본 만화의 가능성을 점점 죽이고 있다는 사실입니다.

역설적이게도 이런 일본 만화 시장에 도전하려는 한국 만화가들이 많습니다. 한국 만화 시장이 거의 죽어버렸기 때문에 그나마 시장이 큰 일본 만화 시장에서 활로를 모색하기 위해서입니다. 2001년 양경일 콤비가 내놓은 《신암행어사》가 150만 부 이상 팔리면서 한국 만화가의 일본 진출이 본격화돼, 현재 50명 이상이 일본에서 활동하고 있는 것으로 알려졌습니다.

한국 만화 시장이 초토화된 뒤, 한국 만화가의 데뷔 무대가 되고 있는 일본. 일본 만화 시장의 불황은 이들에게 언어의 장벽 외에 새로운 과제를 던지고 있습니다.

37 야쿠르트

ヤ ヤ ヤ

발음 や, ya

ヤクルト やくると/야쿠루토

어린이들이 좋아하는 야쿠르트 음료. '야쿠루토'는 요거트(yogurt)의 일본식 발음이 아니라, 브랜드 이름이자 회사 이름이기도 합니다. 요거트의 가타카나 표기는 ヨーグルト 요-구루토입니다.

ヤング やんぐ/양구

양구? 이것은 군부대가 있는 강원도 양구인가? 물론 아닙니다. 이것은 young(젊다)이라는 뜻이죠. 少年ジャンプ가 아이들을 대상으로 만드는 만화잡지(물론 어른도 많이 봅니다)라면, ヤングジャンプ(young jump)는 주로 10대 후반에서 20대까지 젊은이들을 대상으로 만드는 만화잡지입니다.

앞서 ヤ, ュ, ョ는 히라가나 시간에 요음(拗音)이라고 해서 자음과 결합해서 다른 발음을 낸다고 언급했는데, 가타카나도 마찬가지입니다. キャンセル 등에서 이미 나온 적이 있습니다.

▲ カクヤス 아주 쌈. 格安를 강조하기 위해 가타카나로 쓴 술을 파는 가게. 일본에는 술만 파는 가게가 있습니다.

キャッシュ きゃっしゅ/캇슈

캐쉬(cash). 현금을 뜻합니다. 따라서, 카드로 현금을 빌리는 캐싱(cashing)은 キャッシング, 현금카드(cash card)는 キャッシュカード라고 합니다.

▶ キャッシュバック 캇슈박쿠
가족 3명이 가입하면 5,000엔을 캐쉬백(cash back) 해주겠다는 일본의 한 휴대폰 회사 광고입니다.

38 인터뷰

발음 ゆ, yu

ユダヤ人 ゆだやじん/유다야징

유대인을 ゆだやじん이라고 부릅니다. ユダヤ人의 돈 버는 방법은 어느 나라나 인기입니다. 일본에서도 베스트셀러 중에 ユダヤ人이 들어가 있는 책이 꽤 되지요.

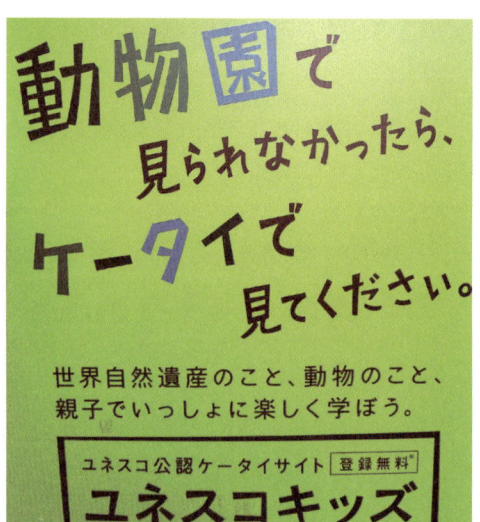

◀ ユネスコキッズ 유네스코 키즈
動物園で見られなかったら、ケータイで見てください。 동물원에서 볼 수 없었다면 휴대폰으로 보세요. ユネスコ公認ケータイサイト 유네스코 공인 모바일 사이트

インタビュー ^{いんたびゅー/인타뷰-}

인터뷰(interview). 이것은 그가 요음(拗音)으로 쓰인 경우죠.

レビュー ^{れびゅー/레뷰-}

리뷰(review)를 뜻합니다. 일본에서 영화 흥행 여부나 책 내용을 미리 살펴보려면 레뷰ュー를 보시면 됩니다.

▲ ジュンク堂書店 중쿠도서점. 일본의 대형 서점 중 하나입니다.

39 유럽

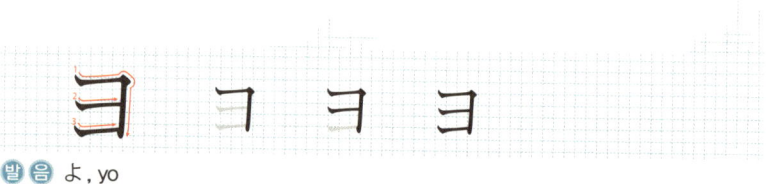

🔵발음 よ, yo

ヨーロッパ よーろっぱ/요-롭파

유럽(Europe)입니다. 요-롭파. 그냥 들으면 무슨 뜻인 줄 모릅니다. 이건 그냥 외워야죠. 유럽은 '구미'라는 한자를 써서 欧米라고도 합니다.

▼ 夏コレいい値！ヨーロッパ
　夏コレいい値. "여름, 이게 좋네"라는 말입니다. 뜻 그대로라면 夏これいいね라고 해야 합니다만, 좋다는 뜻의 いい 뒤에 감탄이나 상대의 말에 동의한다 뜻의 ね 대신에 '가격'을 뜻하는 글자 値를 넣었습니다. 즉, 가격도 좋다는 뜻까지 포함된 카피가 된 것이죠.

ヨーグルト よーぐると/요-구루토

요구르트. 우유를 발효시켜 만든 요거트(yogurt)입니다. 장음 발음에 주의하세요.

▲ たっぷりミルクのヨーグルト 듬뿍 밀크 요구르트
たっぷり는 '듬뿍'이라는 뜻. 다시 말해, 우유가 듬뿍 들어간 요구르트라는 말입니다.

ヨガ よが/요가

일본에서도 요가는 다이어트 방법으로 인기가 있어, 모집 광고를 쉽게 볼 수 있습니다.

문화코드 18

유럽과 영어

아시아에서 가장 먼저 근대화를 시작한 일본은 19세기말 유럽(ヨーロッパ)에 직접 가서 많은 것을 배워왔습니다. 빵 만드는 기술부터 헌법 초안, 군수물자 제조 및 교육 체계 등 근대의 모든 것을 통째로 가져왔다고 해도 과언이 아닙니다.

일본의 장점이라면 외국을 가지 않고도 유럽과 미국을 맛볼 수 있다는 점입니다. 나가사키(長崎)에는 네덜란드를 옮겨온 듯한 테마파크를 지었고, 도쿄 인근의 우라야스(浦安)에는 도쿄디즈니랜드를 만들어 미국까지 가지 않고도 미키마우스와 신데렐라, 토이스토리의 주인공을 만날 수 있습니다. 수많은 번역서는 일본인이 굳이 원서를 찾지 않도록 했으며, 일본의 경제력을 노리고 많은 할리우드 스타들이 아시아 중에서 유독 일본을 곧잘 방문했습니다.

이렇게 유럽 등 서구에 대한 지대한 관심에도 불구하고, 일본에서는 영어 자체에 대한 관심이 적습니다. 조사에 따르면, 일본의 외국어 학원 수강생 수는 2010년 현재 30만 명을 겨우 넘는 수준입니다. 1억2000만 인구로서는 적은 숫자입니다. 이 수강생도 모든 외국어를 포함한 수치이니, 영어만 놓고 보면 더 줄어들 것입니다.

사정이 이렇다 보니, 일본에서는 최근 영어 회화 학원이 줄지어 문을 닫았습니다. 2007년에 일본 최대 영어 회화 체인이었던 NOVA가 망한데 이어, 2010년 4월 지오스라는 또 다른 대형 체인이 문을 닫았습니다. 이쯤 되면 원어민을 만나 대화를 나누는 영어 학원 사업은 일본에서 전망이 없어 보입니다.

영어가 일본에서 인기가 없는 이유는 무엇보다 일본인이 영어를 해야 할 필요를 그

다지 느끼지 못하기 때문입니다. 영어 공부를 하는 사람 대부분이 취미로 하는 경우가 많고, 취미다 보니 경기가 안 좋아지면 쉽게 그만두고 마는 거죠. 필요를 느끼지 못하니 바쁘면 안 해도 그만인 셈입니다.

일본에서는 영어를 일상생활에서 쓸 일이 거의 없는데다, 일본 사람들 또한 영어 스트레스를 거의 받지 않습니다. 일본 회사 중에는 직원들에게 영어를 공부하라고 요구하기보다 차라리 외국인을 고용하는 편을 택하는 곳이 꽤 됩니다. 일본의 주요 경제지에서는 영어 교육의 비중을 높여야 한다는 기사를 계속 내보내고 있고, 일본 문부성에서도 초등학교 4학년부터 학교에서 영어를 배우도록 의무화했지만, 아직까지 일본은 영어 회화의 무풍지대라고 할 수 있습니다.

그런데 최근 들어 이런 흐름에 제동을 거는 사내 영어 공용화론이 등장, 일본 사회를 뒤흔들고 있습니다. 라쿠텐과 유니클로가 2012년을 기점으로 사내에서 영어를 공용어로 쓰겠다고 밝혔기 때문입니다. 라쿠텐은 일본 내 인터넷 쇼핑몰 1위 업체이고, 유니클로는 의류업 1위 기업입니다.

라쿠텐의 미키타니 사장은 2012년부터 "영어를 못하는 임원은 해고할 것"이라며 2012년부터 경영회의나 일반사무회의 등, 사내에서 쓰는 언어를 전부 영어로 한다는 충격 선언을 했습니다. 유니클로도 이에 질세라 2012년 3월부터 간부회의 및 문서를 영어로 작성하게 할 것이며, "앞으로 일본인 외에 중국인 등 비영어권 출신 매니저도 TOEIC 700점 이상을 얻을 수 있도록 영어 연수를 받게 할 것"이라고 말했습니다.

이 두 기업이 사내 영어 공용화를 내건 이유는 저출산 등으로 일본의 내수 시장이 포화 상태에 이른 지금, 일본 기업이 글로벌 기업으로 변하기 위해서는 해외에서 업무를 진행할 수 있는 최소한의 언어 소통 능력을 갖추고 있어야 한다는 것입니다. 이에 일본 사회는 사내 영어 공용화가 황당하다는 반응과 함께 영어 공용화를 했을 때 잃어버리는 것이 무엇인지 곰곰이 생각해볼 것을 주문하고 있습니다. 그 동안 일본은 한 분야에 전념해 최고로 인정받으면 그것으로도 가치를 인정해주는 나라였습니다. 하지만, 이런 일본 내 논쟁이 어떤 변화를 가져올지 궁금해지네요.

④⓪ 랭킹

발음 ら, ra

ラッキー らっきー/락키-

ラッキーは lucky를 가타카나로 표기한 것인데, 운이 좋다란 뜻으로 일상적으로 쓰입니다.

今日(きょう)はラッキーです。
오늘은 운이 좋습니다.

ランチ らんち/란치

점심(lunch)입니다. 비싼 焼(や)き肉(にく)도 이 ランチセット 란치셋토/런치세트를 이용하면 싸게 먹을 수 있죠. '란치셋토' 잊지 마세

◀ ランチコンボ 란치콤보 런치콤보

日替(ひが)わりバーガー 매일 바뀌는 햄버거, ドリンク 드링크(음료), ポテト 포테이토(감자칩)가 11:00~14:00 사이에 640엔이라는 말입니다.

요. 900엔 정도면 배부르게 식사할 수 있습니다. 이처럼 하루에 하나씩 메뉴를 번갈아 가면서 サラリーマン을 유혹하는 가게가 많은데, 날마다 바뀌는 점심 메뉴를 日替(ひが)わりランチ라고 합니다.

ランキング らんきんぐ/랭킹구

스모도 그렇지만, 일본인은 랭킹(ranking)을 매기는 것을 매우 좋아합니다.

사무라이 시대에는 가장 힘이 센 大名(다이묘우)가 일본을 통치하면서 힘에 따른 랭킹 순으로 지배 질서가 이루어졌죠. 일본 사람들도 大学(だいがく)ランキング 엄청나게 따집니다.

▶ まんが喫茶(きっさ)ゲラゲラ 만화찻집 게라게라

まんが喫茶는 まんが와 찻집을 뜻하는 喫茶店(킷사텐)이 결합된 말로, 일정 금액을 내면 만화를 보거나 인터넷을 하면서 음료를 마실 수 있는 곳입니다. ゲラゲラ는 껄껄 웃는 모습을 나타낸 말인데, 만화찻집 이름으로 쓰였군요.

41 리사이클

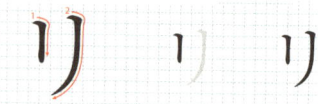

발음 り, ri

リラックス りらっくす/리락쿠스

relax입니다. 편하게 있으란 뜻으로 많이 쓰입니다. '편하다'는 楽이지만, 어딘가 갔을 때 마음 편하게 있으라고 할 경우에는 リラックス가 쓰입니다.

リラックスしてください。편하게 계세요.

リサイクル りさいくる/리사이쿠루

재활용은 再活用라고 쓰지 않고 recycle을 뜻하는 リサイクル를 씁니다. 따라서 중고품을 사고파는 가게는 リサイクルショップ(recycle shop)라고 합니다.

◀ ギフト・リサイクル 기프트・리사이클(gift recycle) 선물을 중고품으로 사고팔 수 있는 가게. リンクホリオ 링쿠호리오는 가게 이름

▲ 三鷹の森 미타카 숲
三鷹駅에서 토토로로 유명한 ジブリ美術館(지브리미술관)까지 걷다 보면 이 안내판을 볼 수 있습니다. 고양이와 부엉이를 합쳐놓은 것 같이 생긴 상상의 동물이 바로 토토로입니다.

リフォーム りふぉーむ/리후오-무

리폼(reform). 개인 주택이 많은 일본은 집을 새로 고치라는 리폼 회사의 광고도 종종 나옵니다.

42 맥주와 빌딩

ル　ル　ル

발음 る, ru

ルール るーる / 루-루

룰(rule)입니다. カタカナ는 영어를 많이 차용하다 보니 장음으로 늘이는 것은 아주 기본임을 새삼스럽게 확인할 수 있죠? 교통질서, 규칙 등을 모두 ルール라고 합니다. 교통 주간에는 아래와 같은 문장을 길에서 발견할 수 있습니다.

ルールを守(まも)りましょう。 룰을 지킵시다.

◀ **ルームシェア** るーむしぇあ / 루-무쉐아

방값이 비싼 도심의 경우, 집을 하나 빌려서 거실이나 부엌을 공유하고, 방을 각자 쓰는 룸쉐어(room share)가 최근 인기입니다.

ビル びる/비루

ビル(building)는 ビルディング의 준말로 '비루'로 짧게 발음해야 합니다.

ビール びーる/비-루

맥주는 beer를 일본식으로 늘였기 때문에 '비-루'로 확실하게 늘여줘야 합니다. 장음, 단음 하나로 큰 차이가 만들어지는 요주의 단어들입니다.

▲ 빌딩(ビル)과 맥주(ビール)의 차이는 큽니다.

▶ エビスビールあります。에비스 맥주 있습니다.
  에비스 맥주는 비싸지만, 맥아가 100%여서 맛이 진합니다.

❹❸ 레시피

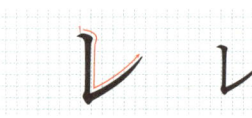

발음 れ, re

レシピ れしぴ/레시피

recipe입니다. 料理法라는 단어가 있지만 りょうりほう라고 읽으면 너무 깁니다. 따라서 レシピ라고 영어를 그대로 차용해서 쓰는 게 편하죠. 일본이 영어 단어를 カタカナ로 변환해서 자기말처럼 쓰는 이유는 한자어 발음보다 발음하기 편한 것도 이유 중 하나입니다.

◀ 東京レジャーランド 토우쿄우레자―란도
관광 명소인 도쿄 오다이바에 있는 놀이 공간. 관람차가 최대 명물입니다.

レシート れしーと/레시-토

receipt입니다. 영수증을 뜻하는 한자어는 領収証가 있습니다. 그런데 이 발음이 조금 깁니다. りょうしゅうしょう. '료우슈쇼우'로 발음하기가 까다롭죠. 이때 레시-토라고 하면 아주 간단하죠. 말은 역시 하기 쉬운 쪽으로 흘러가기 마련입니다. 일반적으로 レシート는 계산대에서 자동으로 나오는 영수증을 말하며, 領収証는 거래 후 직접 종이에 거래처명과 날짜를 쓰고 도장을 찍어주는 영수증을 말합니다.

レジ れじ/레지

계산대를 뜻합니다. 레지스터(register)의 준말입니다. 일본에서는 계산대로 '카운터' 등의 단어는 쓰지 않습니다.

▼ レジ休止中 계산대 쉬는 중
恐れ入りますが 죄송합니다만, となりのレジを 옆 계산대를, ご利用ください。이용해주세요.
　＊となり 옆

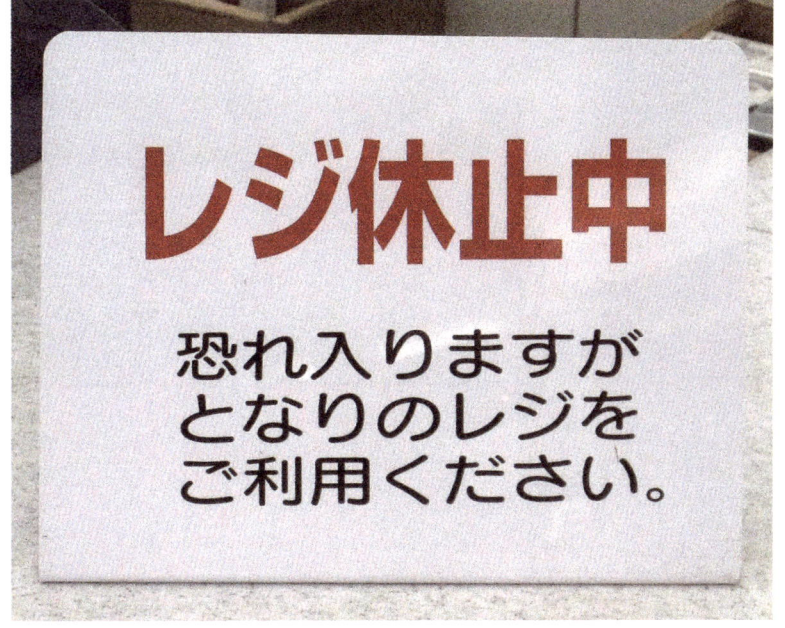

44 러시아

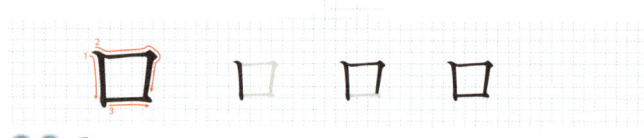

발음 ろ, ro

ロッカー ろっかー/록카ー

지하철역에서 흔히 볼 수 있는 로커(locker)를 말합니다.

▼ 貸しロッカー 빌려주는 로커
도쿄 도심 역에 있는 4시간에 100엔 하는 로커입니다.

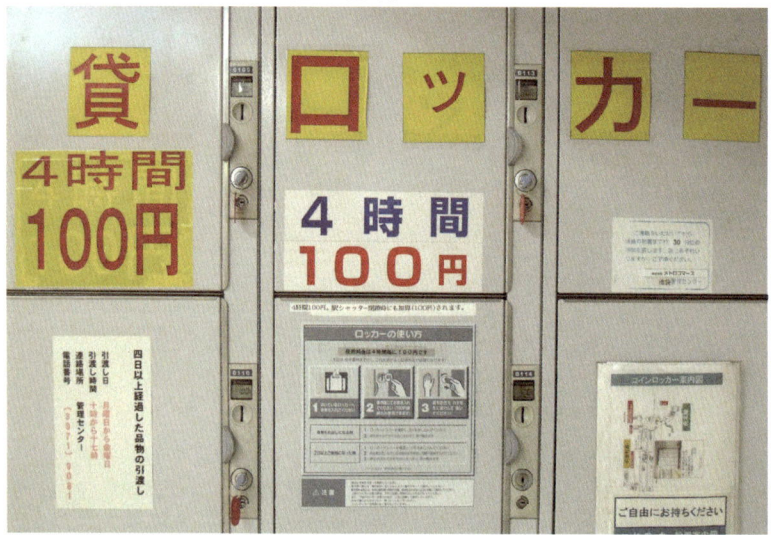

ロシア ろしあ/로시아

러시아. 러일전쟁은 일본어로 日露戦争라고 합니다.

◀ ローン申込機 론 신청 기계
ローン론/대출을 할 수 있는 기계. 자격 요건이 되면 사람이 없어도 론으로 돈을 빌릴 수 있는 ATM

三菱東京UFJ銀行系 미츠비시 도쿄UFJ은행 계열. モビット모빗토는 상품 이름

ロボット ろぼっと/로봇토

로봇. 앞으로 人類(인류)의 未來(미래)를 바꿀지도 모릅니다. ホンダ(HONDA)가 ロボット開発(로봇 개발)에 아주 열성입니다.

문화코드 19

갈수록 세분화되는 일본 맥주

일본인이 즐겨 먹는 회전초밥, 규동, 라면 등을 파는 가게에 가면 빠짐없이 파는 것이 있습니다. 바로 생맥주(生ビール)입니다. 식사하면서 같이 마시라는 것이죠. 일본인은 술자리에서도 '첫 잔은 맥주(とりあえずビール)'라 하여 맥주를 마십니다.

일본인의 맥주 사랑은 남달라서 오츄겐(お中元) 등 명절 때도 선물로 고급맥주 세트를 보내라는 광고가 나올 정도입니다. 편의점에 가보면 정말 다양한 맥주가 즐비하고, 가격도 천차만별입니다. 왜 그럴까요. 소비자를 사로잡으려고 계절마다 신제품을 끊임없이 출시하기 때문입니다. 또한 맥주 안에 들어가는 맥아의 함량에 따라 붙는 주세(酒稅)가 달라지기 때문이기도 합니다.

맥주란 원래 맥아와 홉, 물으로만 만들어야 합니다. 맥주의 본고장 독일에서는 법으로 "맥아와 홉, 물 이외의 것을 사용해 만든 것은 맥주로 판매할 수 없다"고 정하고 있죠. 그래서 독일 맥주와 똑같은 방식으로 제조해서 만든 삿포로의 에비스 맥주는 맥주 중에서 가장 비싸지만, 맥아가 100%이어서 맛이 진합니다.

하지만 이런 맥주는 값이 비싸기도 하고, 여성 등 진한 맥주를 마실 수 없는 사람에게는 환영받지 못합니다. 그래서 맥아의 비율을 낮춰 가격을 낮춤과 동시에 마시기 쉽도록 내놓은 제품이 바로 발포주(発泡酒핫포우슈)입니다. 발포주는 맥아 함유 비율에 따라 3종류로 나뉘는데, 역시 가장 많이 팔리는 것은 맥아 비율이 가장 낮은 25% 미만 제품입니다. 맥아가 적게 포함되어 있을수록 세금이 덜 매겨지고 그만큼 가격이 싸지기 때문이죠.

이렇게 진짜 맥주와 발포주로 양분된 시장에 또 다른 맥주가 등장합니다. 바로 제3의 맥주라 불리는 이 술은 맥주와 발포주(맥아 함유가 67% 이하인 주류)의 뒤를 잇는 장르로서 2004년에 처음 등장합니다. 이 제품이 특이한 이유는 재료를 맥아가 아닌 다른 원료를 사용해 맥주 맛을 낸다는 것입니다. 또한 350밀리리터 캔의 매장 가격이 140엔 전후로, 맥주(217엔 전후)나 발포주(160엔 전후)에 비해 저렴합니다.

맥주이면서 맥아가 아닌 재료로 만들어진 제3의 맥주는 불황을 타고 일본 맥주 시장을 급속도로 점유합니다. 일본의 대형 맥주 제조사가 발표한 2010년 일사분기 맥주류(맥주, 발포주, 제3맥주) 출하량에서, 제3맥주의 비율이 처음으로 30%를 넘었습니다. 제3맥주의 인기는 "불황에 장사 없다"는 속설을 증명하고 있는 것이죠.

그런데 이 제3맥주 시장에 기존의 주류 회사가 아닌 또 다른 '선수'가 참가합니다. 바로 식료품 등을 유통하는 슈퍼 체인들입니다. 이들은 맥주를 직접 제조할 설비는 없지만, 제조할 수 있는 업체에 생산을 위탁하고 상표는 자신들이 만든 것을 붙여서 판매할 수는 있습니다. 현재 가장 싼 PB(자사 기획 상품) 제3맥주는 87엔 밖에 하지 않습니다. 진짜 맥주와 비교하면 3분의 1 가격 밖에 안 되는 것이지요.

일본 맥주 시장은 진짜 맥주, 발포주, 제3맥주, PB 제3맥주 등 속된 말로 박 터지게 싸우는 중입니다.

이런 가운데, 일본 맥주 제조사는 아예 알코올이 들어가지 않는 맥주풍 음료를 개발해 시장을 개척합니다. 바로, 운전자나 술을 마시지 못하는 사람을 겨냥한 것이죠. 이 상품은 의외로 인기를 끌면서 기린맥주사는 연간 판매 목표를 2010년 1월에 세운 450만 개에서 510만 개로 올렸다고 합니다.

뿐만 아니라, 다이어트를 신경 쓰는 사람을 위해 당질(糖質)을 0으로 낮춰 칼로리를 비약적으로 줄인 발포주도 꾸준히 인기를 끌고 있습니다. 맥주를 좋아하는 사람을 확보하기 위한 일본 내 시장 쟁탈전은 한층 치열해질 것 같습니다.

45 샤워

발음 わ, wa

ワード わーど/와-도
워드 프로세서. 원래는 ワープロ라고 하지만, 회화에서는 그냥 ワード라고 씁니다.

このパソコン、ワードある？ 이 컴퓨터 워드 있어?

シャワー しゃわー/샤와-
샤워. '샤워를 하다'는 シャワーをする가 아니고 シャワーをあびる라고 합니다.

◀ シャワー & ランドリー
샤워 및 세탁. ランドリー는 세탁(laundry)입니다.

밥을 먹었습니다

발음 を, wo

ヲ(を)는 목적어로만 쓰이기 때문에 특별히 カタカナ로 표기할 일이 없습니다. 다음 문장을 봅시다.

ゴハンヲタベマシタ。

ひらがな로 옮겨보면 ごはんをたべました가 됩니다. '밥을 먹었습니다'라는 뜻입니다.

그렇다면 위 문장처럼 カタカナ로만 표기하는 이유는 무엇일까요.

일본어에서 외국인(특히 영미권)이 서투른 일본어로 이야기할 때, 그런 어색함을 나타내기 위해서 종종 쓰는 방법이죠. 만화의 말풍선 속 대사를 보면 종종 나옵니다. 에반게리온 エバンゲリオン은 エバンゲリヲン이라고 쓰기도 합니다.

47 빵

발음 ん

ン은 히라가나와 마찬가지로 뒤에 오는 음에 따라 ㄴ, ㅁ, ㅇ 발음이 됩니다.

パン ぱん/팡

먹는 빵입니다. パン의 일본어 발음은 '빵'이 아니고 '팡'이라는 점에 주의하세요.

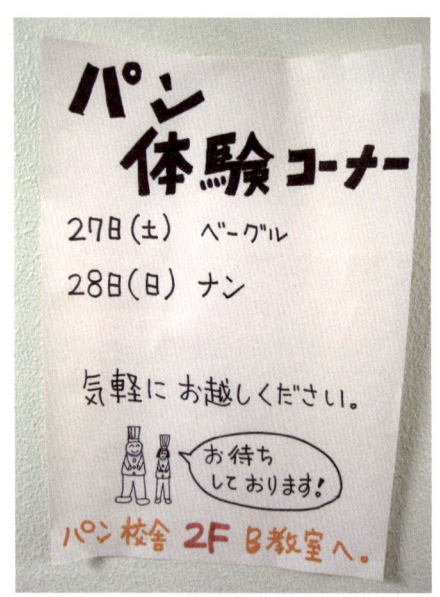

◀ パン体験コーナー 빵 체험 코너
27일은 ベーグル(베이글), 28일은 ナン(난)을 만든다고 알리고 있습니다. 도쿄의 한 제과·제빵 학교에서 일반인을 대상으로 빵 축제를 열면서 직접 체험할 수 있는 코너도 마련한 것입니다. 참고로, 난(naan)은 인도, 중앙아시아에서 먹는 납작한 빵을 말합니다.

ナンバー なんばー/넘바

넘버. 이때는 ン이 'ㄴ'이 아니라 'ㅁ' 발음이 됩니다. 일본 스포츠 잡지 중에는 ナンバー라는 주간지도 있습니다.

スタローン すたろーん/스타로온

스타로온? 언젠가 회사 동료하고 영화 이야기를 하다가 갑자기 동료 나카무라가 저에게 이렇게 물었습니다.

金(きん)さん、スタローン知(し)ってますか？ 김상, 스타로온 아세요?

순간 スター와 ローン이라는 두 단어가 머릿속에 떠오르더군요. 스타가 광고하는 ローン(돈 빌리는 것)을 이야기하는가 싶었습니다. 그래서 이렇게 말했습니다.
"ローン?"
그랬더니 나카무라가 난감한 표정을 짓더군요.
"…… 음."
그가 람보 이야기를 꺼내고서야, 저는 스타로온이 바로 실버스타 스탤론을 이야기하는 줄 알았습니다. 웬만한 영어는 대충 이야기가 통해도, 할리우드 스타 이야기가 나오면 발음이 많이 달라서 전혀 딴 세상 이야기가 되고 맙니다. カタカナ 발음은 주의를 요합니다. 하지만 지금까지 배운 정도의 カタカナ만 알아도 기초는 쌓였다고 봐야겠지요.

▶ ビン・カン 병, 캔
편의점 앞에 분리수거하는 곳 중 하나. ビン은 瓶(びん)(병)을 말합니다.

48 바이올린

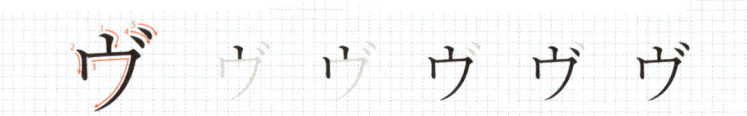

발음 해당되는 히라가나 없음. 이 ヴ는 돌연변이인데, v 발음을 표기합니다. 그러나 ヴ로 표기되는 가타카나 단어는 매우 적습니다.

ルイヴィトン
명품의 대명사라 할 수 있는 루이비통입니다. 루이비통(Louis Vuitton).

ヴァイオリン
현악기 바이올린을 말합니다.

ウイルス
ヴ이 v 발음을 표기한다고 해서 바이러스(virus)를 ヴ로 시작하지는 않습니다. 일본어로 바이러스는 ウイルス _{ういるす/우이루수}입니다.

문화코드 20

일본의 월세와 내집 마련

 한국은 월세와 전세, 자기 집 이렇게 세 가지가 있지만, 일본은 월세와 자기 집 두 가지밖에 없습니다. 일본은 많은 이들이 월세를 살죠. 월세는 매달 꼬박꼬박 집주인에게 나가는 돈이기 때문에, 아무리 오래 살아도 그 집은 자기 것이 될 수 없습니다. 그렇다고 집을 사기에는 목돈(3~5,000만 엔)이 들어가고, 설령 은행에서 대출받아 산다고 해도 은행 빚을 다 갚고 난 30년 후에는 건물 가치는 흔적도 없이 사라지고 땅값만 남게 됩니다.

 이렇다 보니, 일본에서는 거주 방식을 두고 월세를 지지하는 사람과 자기 집을 가져야 한다는 사람으로 갈립니다. 월세는 분명 월세 나름의 장점이 있고, 자기 집은 그 나름의 장점이 있습니다. 이 둘의 차이는 무엇일까요.

 우선 월세의 장점에 대해서 이야기를 한다면, 오사카, 도쿄, 삿포로 등 회사 업무상 전근이 잦은 사람은 집을 구하는 것보다 월세가 유리합니다. 버블이 붕괴된 후 일본의 집값은 더 이상 오르지 않기 때문에, 섣불리 집을 샀다가 이사를 하게 되면 은행에서 빌린 돈조차 갚을 수 없을 정도로 헐값에 파는 경우가 많기 때문이죠.

 집을 샀는데 주위 환경이 아주 안 좋은 경우도 문제가 됩니다. 옆집이나 윗집에 시끄러운 가족이나 그런 사람이 이사를 오거나, 가까운 이웃과 어떤 이유로 문제가 생겼을 때 이사를 가고 싶어도 갈 수 없습니다. 전세라는 것이 없기 때문에, 한국처럼 다른 사람에게 전세를 주고 다른 곳으로 이사할 수가 없습니다.

 집을 사게 되면 유지 비용도 듭니다. 설비가 고장 난 경우, 월세라면 원칙적으로 집

주인이 돈을 들여 수리하게 되어 있습니다. 예를 들면, 급탕 설비가 고장이 났을 때 수십만 엔을 집주인이 부담해야 합니다. 집은 보통 10년이 넘으면 여기저기 무리가 가기 때문에, 갑작스러운 수리에 대비해 매달 정기적으로 얼마간의 수리비를 저축해야 합니다.

월세를 택하는 이들 중에는 35년 장기 융자에 대한 부담감을 느끼는 이들도 꽤 많습니다. 월세라면 매달 10만 엔을 내다가 형편이 어려우면 7만 엔 하는 곳으로 이사할 수도 있지만, 집을 구입하면 그렇게 할 수 없습니다. 도중에 무슨 사정이 생겨 수입이 줄거나 끊겼을 경우 곤란한 상황이 발생하게 되는 것이죠. 이 외에도 집을 구입할 때 들어가는 거액의 계약금을 마련하지 못해 월세를 택하는 사람들도 있습니다. 일본에서는 100만 엔에 달하는 계약금을 모으는 것이 힘든 사람도 많다는 이야기죠.

한편, 집을 사는 것을 옹호하는 사람은 어떤 사람일까요. 일단, 집을 사면 남의 집에 세 들어 사는 것처럼 2년 마다 계약을 갱신(월세 한 달치를 지불)할 필요가 없습니다. 또한 나이가 40이 넘었을 때 집이 있다면 월세보다는 주위에서 인정을 받습니다. 은행 대출을 받기에도 유리한 측면이 있습니다. 무엇보다 자기 집이라는 것이 심리적 안정감을 줍니다. 집을 살 때 은행에서 융자를 받으면 은행 입장에서는 장기간 이자 수익을 챙기는 셈이므로 암 보험을 들어주기도 합니다.

보다 본질적으로, 집을 구입하기 위해서는 대출받을 금액과 상환 계획을 잘 생각해보아야 한다고 사람들은 조언합니다. 나이 서른에 구입하는 집은 어떻게 보면 평생에 걸쳐 상환해야 할 은행 대출이 따릅니다. 일본에서는 론(ローン)이라고 하는데, 이 론은 직업이나 수입, 연령에 의해 어느 정도 빌릴 수 있는지 결정됩니다. 대체로 대출 상환액은 대출받은 금액의 1.5~2배 정도 됩니다. 빨리 갚을수록 금액은 적게 끝나죠. 장기로 갚으려고 하면 매달 내는 금액은 적게 되지만, 전체 상환 금액은 꽤 늘어납니다. 참고로, 일본은 한국처럼 대규모 아파트 단지가 도민주택, 도영주택 등 정부 산하 특수법인이 운영하는 곳 말고는 거의 없습니다. 그래서 구입하게 되는 집의 종류는 대부분 단독 주택이죠.

주택 구입은 수입이 안정되지 않은 사람에게는 매우 위험한 선택입니다. 만약 론을 끼고 집을 샀는데 수입이 줄면서 매달 상환해야 할 금액을 갚지 못하면, 은행은 6개월 후에 그 집을 경매에 부쳐버립니다. 월세와 달리 잘못 구입했다가 순식간에 거액의 빚을 질 수가 있습니다.

집을 구입하는 데는 이외에도 고려할 사항이 많습니다. 나이가 들면 원하는 주거 조건이 바뀌는데 충분히 반영할 수 있는 곳인가, 본인 뿐 아니라 배우자의 전근 가능성, 아이 교육 환경, 늙었을 때 쇼핑이나 병원 가기 쉬운 곳인가 등도 생각해야 합니다.

결국 일본에서도 집을 사는 행위는 최종적으로 '자신의 라이프 스타일과 라이프 플랜'을 곰곰이 따져본 후에 결론을 낼 수밖에 없는 인생 최대의 쇼핑인 것입니다.

일본어 키보드 입력법

바야흐로 컴퓨터의 시대입니다. 이런 시대에 일본어를 키보드로 입력하는 것은 당연하다 할 수 있습니다.

일본어 키보드 입력법은 크게 세 가지가 있습니다. 첫째는 네이버 일본어 사전에서 한글로 쳐서 나온 단어를 복사하여 붙이는 것이고, 둘째는 윈도우즈 입력 도구를 이용하는 방법이고, 셋째는 아래한글에서 곧바로 하는 방법입니다. 입력할 일본어가 한두 자이면 첫 번째 방법이 좋습니다. 그러나 글자의 양이 많으면 아래의 방법 중에서 골라서 사용하십시오.

윈도우즈 입력 도구를 이용하는 방법

❶ 먼저 윈도우즈의 제어판에 들어가 '국가 및 언어 옵션'을 선택합니다.

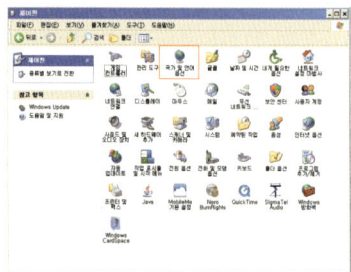

❷ '언어' 탭의 '자세히'를 선택합니다.

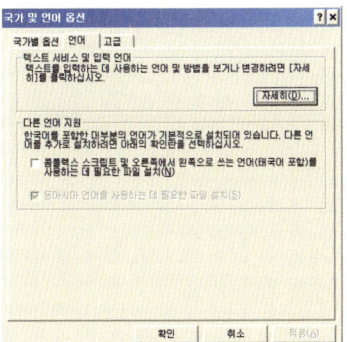

❸ '추가' 버튼을 누르고 '일본어'를 선택합니다. 일본어를 선택하면 다음과 같이 표시됩니다.

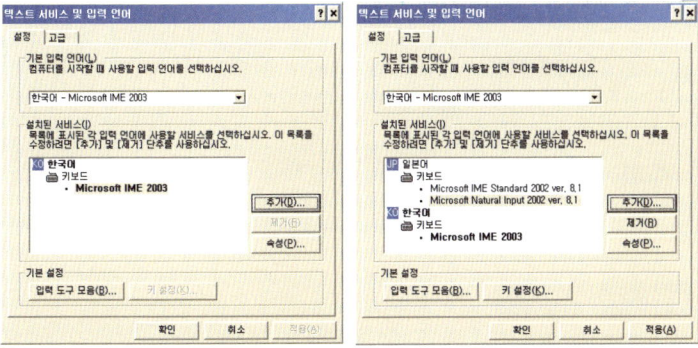

❹ '확인' 버튼을 누르면 아래와 같이 바탕화면 오른쪽 아래에 일본어 입력 도구가 표시됩니다.

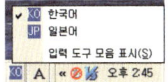

❺ Alt + Shift 키를 누르면 일본어 입력 모드로 바뀝니다. 여기서 Ctrl + Shift + Caps Lock 키를 누르면 일본어를 로마자(영어식)로 입력하는 모드로 바뀝니다. 로마자 입력이란 키보드에 적혀 있는 히라가나를 입력하는 방식이 아니라, 일본어 단어의 발음을 영어로 입력하는 방식을 말합니다.

❻ '한국'이라는 일본어를 입력해봅시다. 韓国는 히라가나로 かんこく 입니다. 분석하면 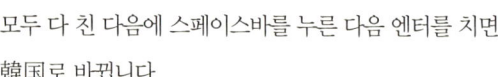 입니다. 하지만 ん의 경우에는 n을 하나 더 쳐서 nn으로 해야 ん이 됩니다. 이 입력법은 MS워드나 인터넷 익스플로러 모두 똑같이 적용됩니다.

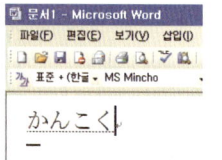

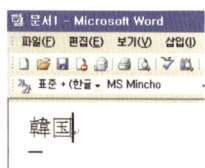

모두 다 친 다음에 스페이스바를 누른 다음 엔터를 치면 韓国로 바뀝니다.

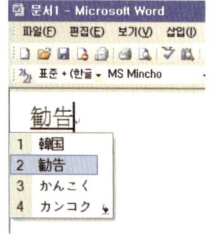

かんこく는 권고(勸告)를 뜻하는 勧告도 있습니다. かんこく를 勧告로 쓰려 한다면 かんこく로 친 다음 스페이스바를 두 번 눌러보세요. 그러면 다음과 같이 나타납니다. 이 중에서 원하는 글자를 골라 엔터를 치면 됩니다.

만약 가타카나로 입력하고 싶다면 히라가나로 친 다음에 곧바로 키보드의 F7 키를 누르면 가타카나로 바뀝니다.

아래한글 프로그램을 이용하는 방법

아래한글 프로그램을 띄웁니다. 그리고 오른쪽 Shift 키와 스페이스바를 누르면 다음과 같이 프로그램 아래에 일본어 입력 모드가 나옵니다. (한글97이나 한글2010 모두 동일합니다.)

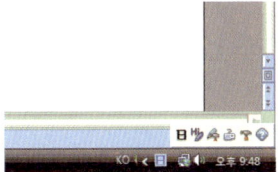

이 상태에서 로마자로 입력하면 일본어로 표기됩니다.

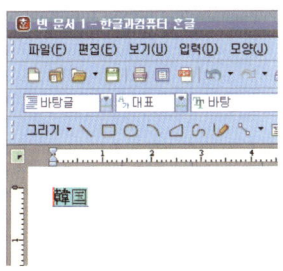

마찬가지로 가타카나로 표기하고 싶다면 히라가나로 친 다음에 곧바로 F7 키를 누르면 됩니다.

ん과 작은 っ 입력

앞에서도 말했지만, ん은 n을 두 개 입력해야 ん으로 표기됩니다.

그 다음에 일본어에서 받침 역할을 하는 작은 っ는 っ 다음에 오는 글자를 하나 더 쳐주면 됩니다. 예를 들어, '가득하다'를 뜻하는 형용사 いっぱい는 ippai로 p를 하나 더 입력해야 작은 っ가 표기됩니다. 일기를 뜻하는 日記(にっき)도 nikki로 k를 하나 더 입력해야 표기됩니다.